STEP Ladder

STEP 2

(600-word Level)

赤毛のアン

Anne of Green Gables

L. M. Montgom

L・M・モンゴメ

はじめに

みなさんは英語で何ができるようになりたいですか。

外国人と自由にコミュニケーションしたい
インターネット上の英語のサイトや、ペーパーバック、英字新聞を辞書なしで読めるようになりたい
字幕なしで洋画を見たい
受験や就職で有利になりたい
海外で活躍したい……

英語の基礎的な力、とりわけ読解力をつけるのに大切なのは、楽しみながら多読することです。数多くの英文に触れることによって、英語の発想や表現になじみ、英語の力が自然に身についてきます。

そうは言っても、何から手をつけていいのかわからないということはないでしょうか。やさしそうだと思って、外国の絵本や子ども向けの洋書を買ってはみたものの、知らない単語や表現ばかりが出てきて、途中で読むのをあきらめた経験がある方もいらっしゃるのではありませんか。

おすすめしたいのは、学習者向けにやさしく書かれた本から始めて、自分のレベルに合わせて、少しずつ難しいものに移っていく読み方です。

本書《ステップラダー・シリーズ》は、使用する単語を限定した、やさしい英語で書かれている英文リーダーで、初心者レベルの方でも、無理なく最後まで読めるように工夫されています。

みなさんが、楽しみながら英語の力をステップアップできるようになっています。

特長と使い方

●特長●

ステップラダー・シリーズは、世界の古典や名作などを、使用する単語を限定して、やさしい表現に書き改めた、英語初級～初中級者向けの英文リーダーです。見開きごとのあらすじや、すべての単語の意味が載ったワードリストなど、初心者レベルでも負担なく、英文が読めるように構成されています。無料音声ダウンロード付きですので、文字と音声の両面で読書を楽しむことができます。

ステップ	使用語彙数	対象レベル	英検	CEFR
STEP 1	300語	中学1年生程度	5級	A1
STEP 2	600語	中学2年生程度	4級	A1
STEP 3	900語	中学3年生程度	3級	A2

●使い方●

- 本文以外のパートはすべてヘルプです。できるだけ本文に集中して読みましょう。
- 日本語の語順に訳して読むと速く読むことができません。文の頭から順番に、意味のかたまりごとに理解するようにしましょう。
- すべてを100パーセント理解しようとせず、ところどころ想像で補うようにして、ストーリーに集中する方が、楽に楽しく読めます。
- 黙読する、音読する、音声に合わせて読む、音声だけを聞くなど、いろいろな読み方をしてみましょう。

●無料音声ダウンロード●

本書の朗読音声（MP3形式）を、下記URLとQRコードから無料でダウンロードすることができます。

www.ibcpub.co.jp/step_ladder/0628/

※PCや端末、ソフトウェアの操作・再生方法については、編集部ではお答えできません。製造元にお問い合わせいただくか、インターネットで検索するなどして解決してください。

●構成●

トラック番号
朗読音声の番号です。

語数表示
開いたページの単語数と、読んできた総単語数が確認できます。

01 **Chapter 1:**
Matthew Is Surprised

Matthew and Marilla Cuthbert were brother and sister. They lived together on their family farm. It was a beautiful farm called Green Gables.

Matthew and Marilla were getting old, and they needed help with their work. But they did not have much money and they could not hire help. So they decided to adopt a little boy.

Matthew went to the train station to meet the boy and bring him home. [1]But when Matthew arrived, all he saw was a little girl. She had red hair and big eyes.

(89[89] words)

カスバート兄妹は農場の仕事のために男の子を養子にすることにしました。兄のマシューが駅に迎えに行くと、そこには赤い髪の女の子がいました。

◆**KEYWORDS**

- □ **Matthew** [mǽθjuː]
- □ **Marilla** [mɑːrílə]
- □ **Cuthbert** [kʌ́θbəʳt]
- □ **farm** [fɑ́ːʳm]
- □ **gable** [géɪbəl]
- □ **Green Gables** [gríːn géɪbəlz]
- □ *get old*
- □ **hire** [háɪəʳ]
- □ **decide** [dìsáɪd]
- □ **adopt** [ədɑpt]
- □ **red** [réd]

◆**KEY SENTENCES** (☞ p. 70)

[1] But / when Matthew arrived, / all he saw / was a little girl.

あらすじ
本文のおおまかな内容がわかります。

キーセンテンス
長い文や難しい表現の文を、意味単位に区切って紹介しています。表示のページに訳があります。

キーワード
使用語彙以外で使われている初出の単語、熟語のリストです。発音記号の読み方は次ページの表を参考にしてください。

キーワードについて

1. 語尾が規則変化する単語は原形、不規則変化語は本文で出てきた形を見出しにしています。

   例　studies/studying/studied → study
   goes/going → go
   went → went
   gone → gone

2. 熟語に含まれる所有格の人称代名詞(my, your, his/her, theirなど)は one's に、再帰代名詞(myself, yourselfなど)は oneself に置き換えています。

   例　do your best → do one's best
   enjoy myself → enjoy oneself

3. 熟語に含まれるbe動詞 (is, are, was, were)は原形のbeに置き換えています。

   例　was going to → be going to

発音記号表 

●母音●

/ɑ/	hot, lot
/ɑː/	arm, art, car, hard, march, park, father
/æ/	ask, bag, cat, dance, hand, man, thank
/aɪ/	ice, nice, rice, time, white, buy, eye, fly
/aɪəʳ/	fire, tire
/aʊ/	brown, down, now, house, mouth, out
/aʊəʳ/	flower, shower, tower, hour
/e/	bed, egg, friend, head, help, letter, pet, red
/eɪ/	cake, make, face, game, name, day, play
/eəʳ/	care, chair, hair
/ɪ/	big, fish, give, listen, milk, pink, sing
/iː/	eat, read, speak, green, meet, week, people
/ɪəʳ/	dear, ear, near, year
/oʊ/	cold, go, home, note, old, coat, know
/ɔː/	all, ball, call, talk, walk
/ɔːʳ/	door, more, short
/ɔɪ/	boy, enjoy, toy
/ʊ/	book, cook, foot, good, look, put
/uː/	food, room, school, fruit, juice
/ʊəʳ/	pure, sure
/əːʳ/	bird, girl, third, learn, turn, work
/ʌ/	bus, club, jump, lunch, run, love, mother
/ə/	about, o'clock
/i/	easy, money, very

●子音●

/b/	bag, ball, bed, big, book, club, job
/d/	desk, dog, door, cold, food, friend
/f/	face, finger, fish, food, half, if, laugh
/g/	game, girl, go, good, big, dog, egg
/h/	hair, hand, happy, home, hot
/j/	yellow, yes, young
/k/	cake, cook, king, desk, look, milk, pink, talk
/l/	learn, leg, little, look, animal, girl, school
/m/	make, mother, movie, home, name, room, time
/n/	know, name, night, noon, pen, run, train
/p/	park, pencil, pet, pink, cap, help, jump, stop
/r/	read, red, rice, room, run, write
/s/	say, see, song, study, summer, bus, face, ice
/t/	talk, teacher, time, train, cat, foot, hat, night
/v/	very, video, visit, five, give, have, love, movie
/w/	walk, want, week, woman, work
/z/	zero, zoo, clothes, has, music, nose
/ʃ/	ship, short, English, fish, station
/ʒ/	measure, leisure, television
/ŋ/	king, long, sing, spring, English, drink, thank
/tʃ/	chair, cheap, catch, lunch, march, teacher, watch
/θ/	thank, think, thursday, birthday, month, mouth, tooth
/ð/	they, this, then, bathe, brother, father, mother
/dʒ/	Japan, jump, junior, bridge, change, enjoy, orange

『赤毛のアン』について

『赤毛のアン』は1908年、カナダの作家L・M・モンゴメリによって書かれた世界的なロングセラー小説です。また、この作品を基にしたテレビドラマや映画、アニメ、ミュージカルも制作されるなど、「想像力豊かな赤毛の少女」は様々な形で現代の私たちの世界にも生きています。

物語の舞台となったプリンス・エドワード島は、カナダの東海岸、セントローレンス湾に浮かぶ島で、英国から独立する転機となった会議が開かれた「カナダ建国の地」ともいえる由緒ある島です。風光明媚の地として有名で、本作とそれに続くシリーズに登場する町や建物のモデルも名所として、世界中から作品のファンや観光客が訪れます。

この島の田舎で育ったモンゴメリは、ある新聞記事で読んだ「男の子と間違えて女の子を引き取った夫婦の話」から着想を得て、本作を執筆したといいます。モンゴメリ自身、早くに両親と離れて祖父母に厳しく育てられたため、アンと同様に、孤独で理解されない子供として育った少女時代が作品に投影されているようです。本作の成功後、モンゴメリはアンを主人公とする続編やアンの周囲の人々にまつわる作品も多く著しており、一連のシリーズは「アン・ブックス」として親しまれています。

さて、本書を手に取った皆さんは、タイトルの英語と日本語の違いに気づかれたでしょうか？　原題の“Green Gables”は、直訳すると「緑の切妻屋根」という意味で、作中アンが住むことになるカスバート家の特徴を表したものです。邦題『赤毛のアン』は、翻訳家・村岡花子が初めて邦訳を手がけた際に付けられました。村岡がカナダ人の宣教師から託された原書は、戦時において訳され、1952年に出版された『赤毛のアン』は日本の読者に今なお広く愛されています。

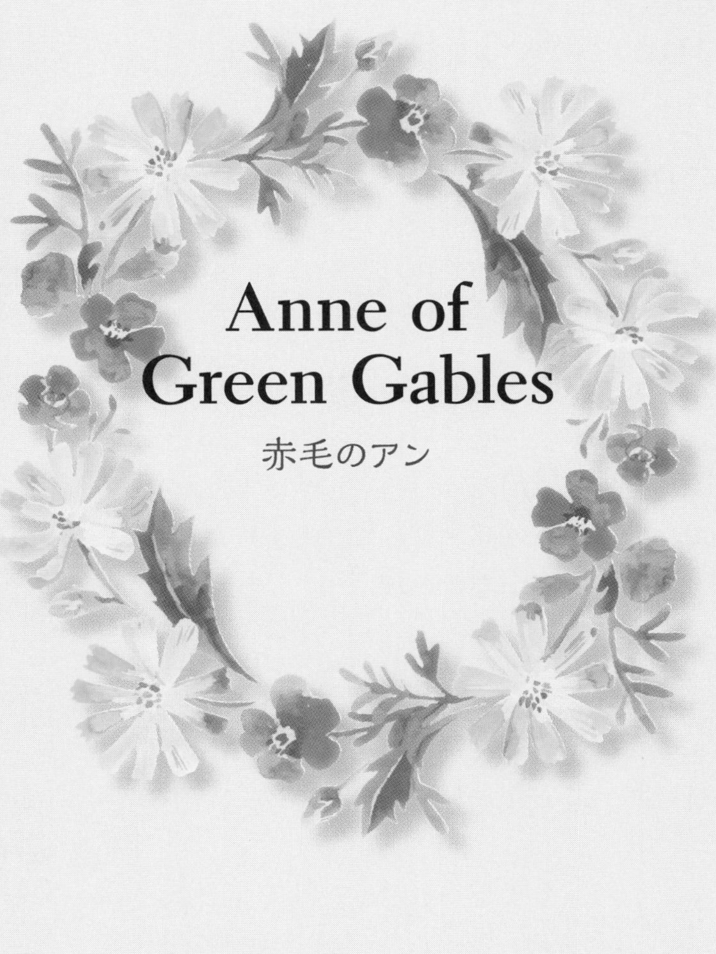

Anne of Green Gables

赤毛のアン

Chapter 1: Matthew Is Surprised

Matthew and Marilla Cuthbert were brother and sister. They lived together on their family farm. It was a beautiful farm called Green Gables.

Matthew and Marilla were getting old, and they needed help with their work. But they did not have much money and they could not hire help. So they decided to adopt a little boy.

Matthew went to the train station to meet the boy and bring him home. [1]But when Matthew arrived, all he saw was a little girl. She had red hair and big eyes.

(89[89] words)

カスバート兄妹は農場の仕事のために男の子を養子にすることにしました。兄のマシューが駅に迎えに行くと、そこには赤い髪の女の子がいました。

◆ KEYWORDS

- ☐ **Matthew** [mǽθjuː]
- ☐ **Marilla** [mɑːrílə]
- ☐ **Cuthbert** [kʌ́θbəʳt]
- ☐ **farm** [fɑ́ːʳm]
- ☐ **gable** [géɪbəl]
- ☐ **Green Gables** [gríːn géɪbəlz]
- ☐ *get old*
- ☐ **hire** [háɪəʳ]
- ☐ **decide** [dìsáɪd]
- ☐ **adopt** [ədɑpt]
- ☐ **red** [réd]

◆ KEY SENTENCES (☞ p. 70)

1 But / when Matthew arrived, / all he saw / was a little girl.

Matthew was a shy man, and he was afraid to talk to the girl. [2]For a long time, he stood behind the station and thought about what to do. He could not just leave her there. So he finally decided to talk to her.

But when Matthew walked up to her, he found he didn't have to talk at all. She did all the talking.

"Are you Mr. Cuthbert of Green Gables? I am very glad to meet you! I was starting to worry that you weren't coming, as it's getting late," said the girl. "So I imagined what I would do if you didn't come. [3]I think I would climb that big tree over there and sleep in it. But now you're here, and I am so glad to join your family. Shall we go now?"

恥ずかしがり屋のマシューは間違いに気がついていましたが、それを女の子に伝えられなかったので、その子を家に連れて帰ることにしました。

Matthew knew there was some big mistake. But he did not know how to tell this lonely little girl that they wanted a boy. [4]He thought it best to take the girl home and have Marilla sort it out.

(176[265] words)

◆KEYWORDS

- ☐ **shy** [ʃáɪ]
- ☐ *stand behind*
- ☐ *walk up to*
- ☐ *not ~ at all*
- ☐ *it's getting late*
- ☐ **imagine** [ìmǽdʒən]
- ☐ **would** [wʊ́d]
- ☐ *over there*
- ☐ **mistake** [mɪstéɪk]
- ☐ **lonely** [lóʊnli]
- ☐ **sort** [sɔ́ːʳt]
- ☐ *sort out*

◆KEY SENTENCES (☞ p. 70)

[2] For a long time, / he stood / behind the station / and / thought about / what to do.

[3] I think / I would climb that big tree / over there / and / sleep in it.

[4] He thought it best / to take the girl home / and / have Marilla sort it out.

Chapter 2: Marilla Is Surprised

Marilla was, of course, very surprised when Matthew came home with a little girl.

"Matthew!" she said. "Who is that? Where is our boy?"

"There was no boy," said Matthew weakly. "There was only her."

The little girl watched them with her big eyes. She looked scared.

"You don't want me?" she asked. "Because I'm not a boy?"

Marilla did not answer the question.

(64[329] words)

マシューが連れてきた女の子を見て、妹のマリラもとても驚きました。女の子は「わたしが男の子でないから必要ないのね？」と聞きました。

◆ KEYWORDS

☐ *of course*

☐ **weakly** [wí:kli]

☐ **scare** [skéə^{r}]

◆ KEY SENTENCES (☞ p. 70)

Marilla was, / of course, / very surprised / when Matthew came home / with a little girl.

"Well, you have to stay here at Green Gables tonight," Marilla said instead. "What is your name?"

6 "Anne, spelled with an 'e,'" said the girl.

At this, Marilla smiled a little.

"Well, Anne, spelled with an 'e,' you must eat, then go to bed. Tomorrow we will go to the orphanage and sort out this mistake."

"I can't eat now," said Anne. "My heart is broken."

自分の名前は「eがつくアン」だと女の子は言いました。アンは、間違いを正すために明日孤児院に行くと言われて、ベッドで眠るまで泣きました。

That night, Anne got into bed in a small room. She cried until she went to sleep.

(83[412] words)

◆ KEYWORDS

- ☐ **tonight** [tənáɪt]
- ☐ **instead** [ìnstéd]
- ☐ **Anne** [ǽn]
- ☐ **spell** [spél]
- ☐ **orphanage** [ɔ́ːʳfənədʒ]
- ☐ **heart** [hɑ́ːʳt]
- ☐ **broken** [bróʊkən] < break
- ☐ *get into bed*

◆ KEY SENTENCES (☞ p. 70)

6 “Anne, / spelled with an ‘e,’” / said the girl.

03

Chapter 3: Marilla Changes Her Mind

The next morning, Marilla and Anne went to the orphanage. The manager was surprised to see Anne again. When she invited them inside for tea, Marilla sat down and explained the mistake.

"Oh, my!" cried the manager. "I thought you wanted a girl! I'm very sorry. But I know what we can do. [7]Mrs. Blewett came to me yesterday looking for a girl. You know she has many children and needs lots of help. We can send Anne there!"

翌朝、孤児院でマリラは、マネージャーから、アンをブリュエット夫人に預けると聞いて、夫人を知っているマリラはアンを気の毒に思いました。

At this, Marilla paused. She looked at Anne's pale little face. [8]Anne had already had a difficult life, and Marilla felt sorry for her. And she knew Mrs. Blewett was not a nice woman. She did not like the idea of sending Anne to live with her.

(126[538] words)

◆ KEYWORDS

- ☐ **mind** [máɪnd]
- ☐ **manager** [mǽnədʒəʳ]
- ☐ **invite** [ìnváɪt]
- ☐ **explain** [ɪkspléɪn]
- ☐ *Oh, my!*
- ☐ **Blewett** [blú:ɪt]
- ☐ *come looking for*
- ☐ **pause** [pɔ́:z]
- ☐ **pale** [péɪl]
- ☐ **already** [ɔ:lrédi]
- ☐ *feel sorry for*

◆ KEY SENTENCES (☞ p. 70)

[7] Mrs. Blewett came to me / yesterday / looking for a girl.

[8] Anne had already had / a difficult life, / and / Marilla felt sorry for her.

"Well, I don't know," Marilla said slowly. "I'll have to talk to Matthew first."

On the drive back to Green Gables, Anne turned to Marilla. "Are we really going back to Green Gables now or am I just imagining this?"

"We are going back, but this does not mean you are staying with us," said Marilla. "I have to talk to Matthew."

Anne and Marilla returned to Green Gables. That night, Marilla and Matthew talked. [9]Matthew wanted to keep her and Marilla thought the girl could be helpful in the house. They decided to keep her.

When they told Anne the next morning, she began to cry with happiness.

アンを連れていったんグリーン・ゲイブルズに戻ったマリラは、マシューと相談してアンを引き取ることにしました。アンは幸せで泣き出しました。

"Oh, thank you! [10]I promise I will work hard and become whatever you want me to be!" Anne said.

(128[666] words)

◆ KEYWORDS

☐ **slowly** [slóʊli]
☐ **helpful** [hélpfəl]
☐ **promise** [prɑ́ːməs]
☐ **whatever** [hwʌtévəʳ]

◆ KEY SENTENCES (☞ p. 70)

[9] Matthew wanted to keep her / and / Marilla thought / the girl could be helpful / in the house.

[10] I promise / I will work hard / and become / whatever you want me to be!

04

Chapter 4: Anne Wants a Friend

Two weeks later, as Marilla was making Anne some dresses for school, Anne asked a question.

11 “Marilla, do you think I will have a best friend here in Avonlea?”

“Diana Barry lives across the field there. She is your age. You might become friends with her,” said Marilla.

“What is Diana like? Does she have red hair?”

“Diana has black hair and black eyes. She is a very pretty girl. But more

アヴォンリーに親友になれる子がいないかアンに聞かれたマリラは、畑の向こうに同じ年ごろのダイアナ・バリーという子がいることを教えました。

importantly, she is smart and good," answered Marilla.

"She sounds lovely!" said Anne. "Do you think she and I can become best friends?"

(95[761] words)

◆ **KEYWORDS**

- ☐ **Avonlea** [ávʌnli]
- ☐ **Diana Barry** [daɪǽnə bǽri]
- ☐ **age** [éɪdʒ]
- ☐ **might** [máɪt]
- ☐ *become friends with*
- ☐ **smart** [smáːʳt]
- ☐ **lovely** [lʌ́vli]

◆ **KEY SENTENCES** (☞ p. 71)

11 "Marilla, / do you think / I will have a best friend / here in Avonlea?"

"You must be a smart and good girl too," said Marilla. "Then maybe you can be friends."

That night, Anne went to sleep imagining Diana Barry, her future best friend.

12 The next day, Anne and Marilla went to the Barry family's house to introduce Anne to Diana. Anne was very nervous.

"Marilla, do you think Diana will like me?"

"Diana will like you," said Marilla. "It's her mother you have to worry about."

Mrs. Barry answered the door without a smile. She seemed like a very serious woman. But she invited Anne and Marilla

次の日、マリラは、アンをダイアナに紹介するために二人でバリー家に行きました。アンはとても緊張しました。

inside for tea. Then the two girls were allowed to go outside to play.

"I'm glad Diana has another little girl to play with," Mrs. Barry told Marilla. "Diana spends too much time reading."

(128[889] words)

◆KEYWORDS

- ☐ **introduce** [ìntrədú:s]
- ☐ **nervous** [nə́:ʳvəs]
- ☐ **seem** [sí:m]
- ☐ **serious** [síriəs]
- ☐ **allow** [əláʊ]
- ☐ **outside** [áʊtsáɪd]
- ☐ *someone to play with*

◆KEY SENTENCES (☞ p. 71)

12 The next day, / Anne and Marilla / went to the Barry family's house / to introduce Anne / to Diana.

[13]Out in the garden, Diana and Anne got to know each other.

"Diana, will you promise to be my best friend forever?" Anne asked.

"Yes, I think I will," said Diana with a laugh.

From that day on, Anne and Diana were best friends.

(44[933] words)

庭に出て、アンはダイアナに「あなたは永遠の親友になることを約束しますか」と尋ねました。その日から二人は親友になりました。

◆ KEYWORDS

☐ **garden** [gɑ́:^{r}dən]
☐ *get to know*
☐ *each other*
☐ **forever** [fərévə^{r}]
☐ *from that day on*

◆ KEY SENTENCES (☞ p. 71)

13 Out in the garden, / Diana and Anne / got to know / each other.

Chapter 5: Anne Makes an Enemy

When school started, Anne showed just how smart she was. She was very good at reading and writing, and she learned other subjects very quickly. Soon, she came in first in all subjects.

14 One day, as Anne and Diana walked home, Diana said a boy named Gilbert Blythe was coming back to school.

"He was away because of his father's work, but now he is back in Avonlea. He's so handsome, Anne. And he's smart too. You won't be first in every subject anymore," she said. "And he loves to tease the girls."

ある日ダイアナとアンが二人で学校から歩いて帰る途中、ダイアナはアンにギルバート・ブライスという男の子が学校に戻ってくることを話しました。

15 Diana smiled a little, as though she actually liked being teased by Gilbert.

"Well, I wouldn't mind some competition in school," said Anne.

(116[1049] words)

◆KEYWORDS

- ☐ **enemy** [énəmi]
- ☐ **quickly** [kwíkli]
- ☐ *come in first*
- ☐ **Gilbert Blythe** [gílbəʳt bláɪð]
- ☐ **handsome** [hǽnsəm]
- ☐ **tease** [tí:z]
- ☐ **though** [ðóʊ]
- ☐ *as though*
- ☐ **actually** [ǽktʃù:əli]
- ☐ **competition** [kɑ̀:mpətíʃən]

◆KEY SENTENCES (☞ p. 71)

14 One day, / as Anne and Diana walked home, / Diana said / a boy / named Gilbert Blythe / was coming back / to school.

15 Diana smiled a little, / as though / she actually liked / being teased by Gilbert.

The next day, Gilbert Blythe was at school. Diana was right. He was handsome and smart. And he loved to tease the girls.

All day long, Gilbert tried to get Anne to look at him. But Anne just went on with her studies. Finally, he pulled her red hair and whispered, "Hey, carrots!"

Anne jumped up. Her face was pale and her big eyes flashed with anger.

"How dare you!" she screamed. Then she raised her writing board over her head and—CRASH!—she hit Gilbert so hard that she broke it!

The teacher, shocked, made Anne stand in front of the class all day. [16]Anne decided that she would not forgive Gilbert Blythe for as long as she lived.

(120[1169] words)

翌日、ギルバートが学校にいました。ギルバートはアンの髪の毛を引っ張って「ニンジン」と言い、怒ったアンは筆記板を彼の頭に叩きつけました。

◆ KEYWORDS

- ☐ *all day long*
- ☐ *go on with*
- ☐ **whisper** [wíspəʳ]
- ☐ **carrot** [kǽrət]
- ☐ **flash** [flǽʃ]
- ☐ **anger** [ǽŋgəʳ]
- ☐ **dare** [déəʳ]
- ☐ *How dare you!*
- ☐ **scream** [skríːm]
- ☐ **raise** [réɪz]
- ☐ **writing board** [ráɪtɪŋ bɔ́ːʳd]
- ☐ **crash** [krǽʃ]
- ☐ *so ~ that*
- ☐ **shock** [ʃáːk]
- ☐ **forgive** [fəʳgív]
- ☐ *as long as*

◆ KEY SENTENCES (☞ p. 71)

16 Anne decided / that / she would not forgive Gilbert Blythe / for / as long as she lived.

06 Chapter 6: Anne Loses Her Best Friend

One day, Marilla had to go into town for a meeting. [17]She allowed Anne to invite Diana over for tea.

[18]Anne was delighted to be treated as such an adult. When Diana arrived in her best dress, Anne gave her a cup of Marilla's homemade raspberry juice.

"It tastes so different," said Diana after drinking three cups. "It's really good!"

But as Anne got tea ready, Diana started to feel sick.

"I have to go home!" she said, and she ran weakly back to her house.

(88[1257] words)

マリラが外出したある日、アンはダイアナをお茶に招待しました。ラズベリージュースを3杯飲んでダイアナは気分が悪くなって途中で帰宅しました。

◆ KEYWORDS

- ☐ *invite someone over ~*
- ☐ **delighted** [dɪláɪtɪd]
- ☐ **treat** [tríːt]
- ☐ **adult** [ədʌ́lt]
- ☐ **homemade** [hóʊmméɪd]
- ☐ **raspberry** [rǽzbèri]
- ☐ **taste** [téɪst]
- ☐ *get ~ ready*
- ☐ *feel sick*

◆ KEY SENTENCES (☞ p. 71)

17 She allowed Anne / to invite Diana over / for tea.

18 Anne was delighted / to be treated / as / such an adult.

When Marilla got home, she found Anne crying.

"What happened, Anne?"

"I gave Diana raspberry juice and she got sick. Then Mrs. Barry said I got Diana drunk! She says we can't be friends anymore."

Marilla checked the bottle of juice and saw it was wine. Anne didn't know the difference!

[19]Anne's heart was broken because she had lost her best friend. [20]At school, Diana was not even allowed to talk to Anne.

One day, Diana sent a secret note to Anne. It said, "I miss you and love you as much as ever."

アンがジュースだと思っていたのは本当はワインでした。バリー夫人はアンがダイアナを酔わせたと言い、ダイアナと友だちでいることを禁じました。

Anne wrote back, "In my heart, you will always be my best friend."

(109[1366] words)

◆KEYWORDS

- ☐ *get home*
- ☐ **drunk** [drʌ́ŋk]
- ☐ *get drunk*
- ☐ **wine** [wáɪn]
- ☐ **difference** [dífərəns]
- ☐ *one day*
- ☐ **secret** [síːkrət]
- ☐ **note** [nóʊt]
- ☐ **ever** [évəʳ]

◆KEY SENTENCES (☞ p. 71)

19 Anne's heart was broken / because / she had lost / her best friend.

20 At school, / Diana was / not even allowed / to talk / to Anne.

Because Anne had nobody to play with, she put all her energy into her schoolwork. Soon, she had caught up to Gilbert Blythe. [21]They were often tied for first place in many different subjects. But she still did not forgive him.

Anne loved to learn and found many things to be interested in. [22]She told Marilla, “It’s hard to stay sad for long in such an interesting world, isn’t it?”

(70[1436] words)

アンは遊び相手がいなかったので、勉強に打ち込み、いろいろな学科でギルバートと1位を競いました。

◆ KEYWORDS

- ☐ **energy** [énə^{r}dʒi]
- ☐ **schoolwork** [skúːlwə̀ː^{r}k]
- ☐ *catch up to*
- ☐ **tie** [táɪ]
- ☐ *tie for first place*
- ☐ **place** [pléɪs]
- ☐ **still** [stíl]
- ☐ **sad** [sǽd]
- ☐ *for long*

◆ KEY SENTENCES (☞ p. 71)

[21] They were often tied / for first place / in many different subjects.

[22] She told Marilla, / "It's hard to stay sad / for long / in such an interesting world, / isn't it?"

07 Chapter 7: Anne to the Rescue

One night in January, Marilla was away at an event in town. Matthew and Anne were sitting by the fire when Diana came rushing in through the door.

"Diana! What is wrong?" Anne asked in shock.

"My little sister Minnie May is so sick! Mother and father are in town and the babysitter doesn't know what to do! I'm so scared!"

"Let's go," said Anne, grabbing Diana's hand. Matthew rushed off to get the doctor.

マリラが不在の夜、ダイアナがアンの家に駆け込んできました。妹のミニー・メイが急病になったのです。アンはダイアナと彼女の家に急ぎました。

Anne and Diana ran across the snowy fields. [23]When they arrived at Diana's house, Anne saw that little Minnie May was very sick with croup. [24]But Anne had cared for babies with croup at the orphanage before. She knew just what to do.

(118[1554] words)

◆ KEYWORDS

- ☐ **rescue** [réskjuː]
- ☐ **fire** [fáɪəʳ]
- ☐ *sit by the fire*
- ☐ **rush** [rʌ́ʃ]
- ☐ *rush in*
- ☐ **wrong** [rɔ́ːŋ]
- ☐ **Minnie May** [míni méɪ]
- ☐ **babysitter** [béɪbisìtəʳ]
- ☐ **let's** [léts]
- ☐ **grab** [grǽb]
- ☐ *rush off*
- ☐ **croup** [krúːp]
- ☐ *care for*

◆ KEY SENTENCES (☞ p. 72)

[23]When they arrived / at Diana's house, / Anne saw that / little Minnie May was very sick / with croup.

[24]But / Anne had cared for babies / with croup / at the orphanage / before.

Anne told the babysitter to boil lots of water. She changed Minnie May into clean clothes and put hot cloths on her head. With Diana's help, Anne stayed up all night and gave Minnie May medicine.

Finally, after midnight, Minnie May started to breathe easier.

When the doctor finally came with Matthew, Minnie May was sleeping peacefully. The doctor examined her.

"Anne," he said, "you saved this baby's life."

The next day, Mrs. Barry came home. When she found out what Anne did, she cried and thanked Anne for saving her baby.

アンはひと晩中寝ずに看病をしてミニー・メイの命を救いました。翌日バリー夫人はアンに泣いて感謝し、アンとダイアナはまた友だちに戻りました。

"Can you ever forgive me?" she asked Anne.

[26]Anne told her yes, she could, and that she never meant to get Diana drunk.

"Of course! I know that now!" cried Mrs. Barry.

From that day, Diana and Anne were allowed to be friends again.

(136[1690] words)

◆ KEYWORDS

- ☐ **boil** [bɔ́ɪl]
- ☐ *put on*
- ☐ **cloth** [klɔ́:θ]
- ☐ *stay up all night*
- ☐ **midnight** [mídnàɪt]
- ☐ **breathe** [bríːð]
- ☐ **peacefully** [píːsfəli]
- ☐ **examine** [ɪgzǽmɪn]
- ☐ **save** [séɪv]
- ☐ *find out*
- ☐ **never** [névə^{r}]
- ☐ **meant** [mént] < mean

◆ KEY SENTENCES (☞ p. 72)

[25]When she found out / what Anne did, / she cried / and / thanked Anne / for saving her baby.

[26]Anne told her / yes, she could, / and that / she never meant / to get Diana drunk.

08 Chapter 8: Anne Takes a Dare

Anne had a very happy spring and summer. [27]She mostly stayed out of trouble and did well in school. But one day, Diana had a party.

All the girls from school came, even mean Josie Pye. After playing some games, the girls looked for something new and exciting to do. [28]Josie dared Anne to walk across the roof of the Barry family's house. Anne was scared, but she did not want Josie to see that. She held her nose high and climbed onto the roof.

Anne was almost all the way across the roof when — CRASH! — down she fell!

(99[1789] words)

ダイアナが開いたパーティーで、意地悪なジョシー・パイにそそのかされてアンはバリー家の屋根を歩き、渡り切る手前で屋根から落ちました。

◆ KEYWORDS

- ☐ *take a dare*
- ☐ **trouble** [trʌ́bəl]
- ☐ *stay out of trouble*
- ☐ **mean** [míːn]
- ☐ **Josie Pye** [dʒóʊzi páɪ]
- ☐ *walk across*
- ☐ **roof** [rúːf]
- ☐ **high** [háɪ]
- ☐ **onto** [ɑ́ːntuː]
- ☐ *climb onto*
- ☐ *all the way*

◆ KEY SENTENCES (☞ p. 72)

27 She mostly / stayed out of trouble / and / did well / in school.

28 Josie dared Anne / to walk across the roof / of the Barry family's house.

She broke her foot. Mr. Barry had to carry Anne home. When Marilla saw Anne, she was scared but also angry.

"Anne Shirley, when will you stop getting into trouble?" Marilla cried.

Anne had to stay home from school for six weeks. But this did not stop Anne from continuing her studies. She was afraid Gilbert Blythe would pull ahead. She did not want to lose her standing in first place. [29]She worked especially hard at geometry, which was one of her worst subjects.

Anne was missed very much by the other students at school. Every day, Diana or another classmate would come to visit Anne. They often brought flowers, books, or news from Avonlea.

足を折ったアンは、学校を休む間もギルバートに負けるのを恐れて勉強を続けました。アンは友だちから学校に若い女の先生が来たことを聞きました。

Meanwhile, a new teacher came to the Avonlea school. Her name was Miss Stacy. All of Anne's classmates said that Miss Stacy was young, beautiful, and a very good teacher. Anne had to wait to meet this exciting new person.

(155[1944] words)

◆KEYWORDS

- □ **angry** [ǽŋgri]
- □ **Shirley** [ʃə́:ʳli]
- □ *get into trouble*
- □ **continue** [kəntínju:]
- □ **ahead** [əhéd]
- □ *pull ahead*
- □ **standing** [stǽndɪŋ]
- □ **geometry** [dʒi:ɑ́:mətri]
- □ **worst** [wə́:ʳst] < bad
- □ **meanwhile** [mí:nwàɪl]
- □ **Stacy** [stéɪsi]

◆KEY SENTENCES (☞ p. 72)

29 She worked / especially hard / at geometry, / which was / one of her worst subjects.

09

Chapter 9: A Great Teacher

As soon as Anne's foot was better, she went back to school. She finally met the famous Miss Stacy. They became friends instantly.

30 Miss Stacy had new ideas about how to teach, and how to get students to love learning. All the students loved Miss Stacy. Anne loved her most of all.

In October, Anne came home from school with exciting news.

"The school will put on a concert for Christmas!" she cried out happily. "Diana will sing a solo! I will be in two plays and do two readings, Marilla!"

足が治ったアンはステイシー先生とすぐに友だちになりました。10月、アンは学校のクリスマスコンサートに出演することになりとても興奮しました。

"That sounds nice, Anne," said Matthew. He was happy to see Anne so excited.

But Marilla did not approve of children putting on concerts. [31]Still, that did not stop Anne from putting her whole heart into practicing for the concert.

(131 [2075] words)

◆ **KEYWORDS**

- ☐ *as soon as*
- ☐ **instantly** [ínstəntli]
- ☐ *most of all*
- ☐ *put on*
- ☐ **concert** [kɑ́:nsəʳt]
- ☐ **Christmas** [krísməs]
- ☐ **solo** [sóʊlòʊ]
- ☐ **reading** [rí:dɪŋ]
- ☐ **approve** [əprú:v]
- ☐ **whole** [hóʊl]
- ☐ *put one's whole heart into*

◆ **KEY SENTENCES** (☞ p. 72)

[30] Miss Stacy had new ideas / about how to teach, / and / how to get students to love / learning.

[31] Still, / that did not stop Anne / from putting her whole heart / into practicing / for the concert.

Chapter 10: A Merry Christmas

One day, Matthew came inside to find Anne and her school friends in the house. They were practicing for the Christmas concert.

Matthew smiled when he heard Anne's bright laughter among the other girls'.
32 But he noticed something very different about Anne. She was the only one without a pretty dress! All the other girls wore dresses in blue, red, pink and white. Anne's dress was plain and gray.

He decided to get her a new dress for Christmas.

コンサートの練習に来た女の子たちとアンとの服装の違いに気づいたマシューは、アンにクリスマス用のドレスをプレゼントすることに決めました。

On Christmas morning, Anne was overjoyed about her new dress. She ran to Matthew and threw her arms around him.

(99[2174] words)

◆ KEYWORDS

- ☐ **laughter** [lǽftəʳ]
- ☐ **notice** [nóʊtɪs]
- ☐ **pink** [píŋk]
- ☐ **plain** [pléɪn]
- ☐ **gray** [gréɪ]
- ☐ **overjoy** [òvəʳdʒɔ́ɪ]
- ☐ **threw** [θrúː] < throw
- ☐ *throw one's arms around*

◆ KEY SENTENCES (☞ p. 72)

[32] But / he noticed / something very different / about Anne.

33 “It is more beautiful than any dress I could have imagined!” she said.

Matthew smiled his shy smile. “Merry Christmas, Anne,” he said.

On Christmas night, Anne wore her beautiful dress to the concert. She was one of the best performers. She became the star of the show.

After the concert, she and Diana walked home together under the stars.

“What an amazing evening!” Anne said. “Your solo was so beautiful, Diana. I was proud that you were my best friend.”

Then Diana told Anne a secret.

(87[2261] words)

クリスマスの夜、美しいドレスでコンサートに出演したアンはショーの主役でした。コンサートのあと、アンとダイアナは一緒に家に帰りました。

◆KEYWORDS

- ☐ **merry** [méri]
- ☐ **wore** [wɔ́:^{r}] < wear
- ☐ **performer** [pə^{r}fɔ́:^{r}mə^r]
- ☐ **proud** [práʊd]

◆KEY SENTENCES (☞ p. 73)

33 "It is more beautiful / than any dress / I could have imagined!" / she said.

“When you were coming off the stage, a rose fell out of your hair,” she said. “I saw Gilbert pick it up. He put it in his pocket! You should forgive him, Anne.”

“I shall not,” said Anne in anger. 34 “I
will never waste another thought on him.”
35 But how could Anne stay angry for long?
It was a wonderful Christmas!

(61[2322] words)

ダイアナは、アンの髪から落ちたバラをギルバートが拾うのを見たと言って、彼を許すようにアンに勧めましたが、アンは怒って断りました。

◆ KEYWORDS

- ☐ *come off the stage*
- ☐ **stage** [stéɪdʒ]
- ☐ **rose** [róʊz]
- ☐ **waste** [wéɪst]
- ☐ *another thought*

◆ KEY SENTENCES (☞ p. 73)

34 "I will never waste / another thought / on him."

35 But / how could / Anne stay angry / for long?

Chapter 11: Anne Plays the Lily Maid

When spring came, Anne, Diana, and their friends spent a lot of time at the pond. [36]One day, they decided to play the scene of the lily maid from a famous poem. The girls asked Anne to play the lily maid.

Anne lay down in a little boat. She closed her eyes and imagined she was dead. The other girls pushed her into the water. [37]They ran to wait for her on the other side of the pond.

Anne lay in the boat and enjoyed the quiet. But then she felt water in the boat. It was sinking!

アンと友人たちは池で有名な詩を再現して遊んでいました。アンが不運な白百合姫になり、ボートに横たわり流されているとボートが沈みだしました。

Lucky for Anne, the boat sank near a bridge. She climbed onto a bridge post and held on. [38]She hoped help would come soon.

(122[2444] words)

◆KEYWORDS

- ☐ **lily** [líli]
- ☐ **maid** [méɪd]
- ☐ **pond** [pá:nd]
- ☐ **scene** [sí:n]
- ☐ **poem** [póʊəm]
- ☐ **lay** [léɪ] < lie
- ☐ *lie down*
- ☐ **dead** [déd]
- ☐ **side** [sáɪd]
- ☐ **sink** [síŋk]
- ☐ **sank** [sǽŋk]
- ☐ **bridge** [brídʒ]

◆KEY SENTENCES (☞ p. 73)

[36]One day, / they decided to play / the scene / of the lily maid / from a famous poem.

[37]They ran / to wait for her / on the other side / of the pond.

[38]She hoped / help would come / soon.

[39] Of course, it was Gilbert Blythe who came by in his boat. He was fishing.

"What are you doing, Anne?" he cried in shock.

Anne was very embarrassed. But she held her head high.

"My boat sank," she said. [40] "Please be kind enough to take me to shore."

Gilbert did as she asked.

"Anne, can't we be friends?" he asked as he rowed. "I'm sorry I said anything about your hair. And it was so long ago."

A small part of Anne wanted to say yes. But she just couldn't.

"No! We shall never be friends!" she said. "I won't ever forgive you!"

(103[2547] words)

ギルバートがボートでやってきて、アンを助けました。ギルバートはアンに友だちになろうと言って謝りましたが、アンは、はいと言えませんでした。

◆ KEYWORDS

- ☐ *come by*
- ☐ **embarrassed** [ɪmbérəst]
- ☐ **enough** [ɪnʌ́f]
- ☐ *be kind enough to*
- ☐ **shore** [ʃɔ́ːʳ]
- ☐ **row** [róʊ]

◆ KEY SENTENCES (☞ p. 73)

39 Of course, / it was Gilbert Blythe / who came by / in his boat.

40 "Please / be kind enough / to take me / to shore."

"Fine! I don't care!" said Gilbert. Anne jumped out of the boat and he rowed off angrily.

41 That night, Anne felt bad about what she said. But it was too late.

(31 [2578] words)

アンはボートを飛び降り、ギルバートは怒って去っていきました。その夜、アンは自分の言ったことを後悔しましたが、遅すぎました。

◆ KEYWORDS

- ☐ **angrily** [ǽŋgrəli]
- ☐ **bad** [bǽd]
- ☐ *feel bad about*

◆ KEY SENTENCES (☞ p. 73)

41 That night, / Anne felt bad / about / what she said.

Chapter 12: The Queen's Academy Class

That autumn, Miss Stacy invited Anne to join a special class. [42]It was to prepare for the entrance exam to become a teacher. Anne said yes with excitement. She began to study harder than ever.

One thing made Anne sad: Diana was not taking the special class. But Josie Pye and Gilbert were.

Anne and Gilbert fought harder than ever to take first place. [43]Gilbert was nice to all the girls except Anne. This also made Anne sad. But she kept that a secret.

ステイシー先生がアンを特別なクラスに招待し、アンはそこで一生懸命勉強しました。2年後のある夜、マリラはアンが成長したことに気がつきました。

Two years passed. One night Marilla noticed how tall and pretty Anne had become. She was fifteen now. She was also much quieter and did not talk as much as she used to. Instead, she seemed to quietly enjoy the dreams in her heart.

"She's growing up," Marilla thought. "And I love her more than ever."

(140[2718] words)

◆ KEYWORDS

- ☐ **queen** [kwíːn]
- ☐ **academy** [əkǽdəmi]
- ☐ **prepare** [pripéəʳ]
- ☐ **entrance** [éntrəns]
- ☐ **exam** [ɪgzǽm]
- ☐ **excitement** [ɪksáɪtmənt]
- ☐ *take first place*
- ☐ **except** [ɪksépt]
- ☐ *keep ~ (a) secret*
- ☐ **notice** [nóʊtɪs]
- ☐ *used to*
- ☐ **instead** [ìnstéd]
- ☐ **quietly** [kwáɪətli]
- ☐ *grow up*

◆ KEY SENTENCES (☞ p. 73)

42 It was / to prepare / for the entrance exam / to become a teacher.

43 Gilbert was nice / to all the girls / except Anne.

Chapter 13: The Exam

At the end of two long, hard years of studying, Anne went to take the entrance exam for Queen's Academy. She was away from Green Gables for two nights. When she came home, she was nervous and tired.

Anne had studied hard for many reasons. First, she wanted to make Matthew and Marilla proud. [44]They had loved her and supported her more than anybody else in her life. She wanted to make them happy. She also wanted to become a good teacher. And finally, she wanted to do better than Gilbert Blythe.

アンはクイーン学院の入試に行きました。3週間後、合格者のリストが発表され、アンとギルバートは共に1位で合格していました。

After three weeks of waiting, Anne got the moment she was waiting for. [45]The list of students who passed the exam was announced. Anne and Gilbert both passed—and they tied for first place!

(126[2844] words)

◆KEYWORDS

- ☐ *take an exam*
- ☐ **support** [səpɔ́ːʳt]
- ☐ **anybody** [éniːbədi]
- ☐ **moment** [móʊmənt]
- ☐ **list** [líst]
- ☐ **announce** [ənáʊns]

◆KEY SENTENCES (☞ p. 73)

[44]They had loved her / and supported her / more than anybody else / in her life.

[45]The list of students / who passed the exam / was announced.

Chapter 14: Anne Becomes a Lady

The next three weeks were busy. Anne was preparing to go to Queen's Academy. One day, Marilla came to Anne's room with a pretty green dress.

"You might need something pretty to wear at parties," Marilla said. "I know all the other girls have an evening dress. [46]I didn't want you to be the only girl without one."

"Thank you, Marilla! It's beautiful," Anne said.

A few evenings later, Anne wore the dress and read a poem for Matthew and Marilla. Marilla began to cry.

マリラがきれいな緑色のドレスを持ってアンの部屋に来ました。数日後の晩にアンがそのドレスを着て詩を朗読しているとマリラが泣き出しました。

"Marilla! My poem has made you cry!" Anne kissed Marilla's cheek.

"I was remembering what a funny little girl you used to be," said Marilla. "Now you're a lady, and suddenly I felt so lonely."

That night, Matthew said quietly to Marilla, "[47]Anne coming to us was the luckiest mistake in the world. God knew we needed her."

(144[2988] words)

◆KEYWORDS

- ☐ **lady** [léɪdi]
- ☐ **wear** [wéəʳ]
- ☐ *evening dress*
- ☐ **kiss** [kís]
- ☐ **cheek** [tʃíːk]
- ☐ **funny** [fʌ́ni]
- ☐ **suddenly** [sʌ́dənli]
- ☐ **god** [gɑ́ːd]

◆KEY SENTENCES (☞ p. 73, 74)

[46]I didn't want / you to be / the only girl / without one.

[47]Anne / coming to us / was the luckiest mistake / in the world.

Anne studied hard at Queen's. At the end of the year, she graduated first in her class and won a scholarship to study at a college. [48]She was surprised to find out that Gilbert was not going to college. He was going to teach at Avonlea's school to pay for college later.

At the graduation ceremony, everybody talked about the tall girl with red hair who won the scholarship. Matthew and Marilla shone with pride.

Now Anne was ready to enjoy her summer holiday. But she noticed Matthew and Marilla did not look well. Marilla's eyes had gotten bad. Matthew had heart trouble.

[49]"If I were a boy, I could help you more

アンはクイーン学院をトップの成績で卒業しました。マシューとマリラはアンを誇りに思いました。アンは二人の具合がよくないことに気づきました。

he said to Matthew one

led at her.

er have you than ten
'I would rather have my
at I'm proud of."

(148[3136] words)

ənn]

- ☐ **shone** [ʃóʊn] < shine
- ☐ **pride** [práɪd]
- ☐ *not look well*
- ☐ **rather** [rǽðəʳ]
- ☐ *be proud of*

◆ KEY SENTENCES (☞ p. 74)

48 She was surprised / to find out / that / Gilbert was not going to college.

49 "If I were a boy, / I could help you more / on the farm," / she said to Matthew / one evening.

15

Chapter 15: Goodbye, Matthew

50 The next day became the saddest of Anne's young life. She was coming in from the garden when she heard Marilla cry out, "Matthew! What is the matter?"

Anne rushed in to see Matthew fall to the floor. They sent for the doctor, but soon they knew it was too late. Matthew had died.

At first, Anne could not cry. There was a sharp pain in her heart, but no tears.

At the funeral, everyone came to say goodbye to quiet, kind Matthew Cuthbert. That night, as Anne lay in bed, she cried harder than she ever had in her life.

(101[3237] words)

マリラが叫ぶのを聞いてアンが家に駆け込むと、マシューが床に倒れていました。医者を呼びましたが、すでにマシューは亡くなっていました。

◆ KEYWORDS

☐ *come in*
☐ *cry out*
☐ **matter** [mǽtər]
☐ *send for*
☐ **sharp** [ʃá:rp]
☐ **pain** [péɪn]
☐ **tear** [tíər]
☐ **funeral** [fjú:nərəl]

◆ KEY SENTENCES (☞ p. 74)

50 The next day / became the saddest / of Anne's young life.

Marilla came in and held her tightly.

"He loved you so much," Marilla said.

"What will we do without him?" Anne asked.

"We will be strong. We have each other, Anne."

(31 [3268] words)

「彼なしでどうしたらいいの」とアンが言うと、マリラは「私たちはお互いに強くなりましょう」と言いました。

◆ **KEYWORDS**

☐ **tightly** [táɪtli]

Chapter 16: Anne Makes a Plan

A few weeks later, a man came to visit Marilla. They talked and shook hands.
51 When Anne asked Marilla about it, she discovered that Marilla was selling Green Gables.

Anne was shocked. But Marilla felt too weak to live on the farm alone. She could not do all the work without Matthew.

Anne knew she could not let this happen. A few days later, Anne had a talk with Marilla.

"You will not sell Green Gables," Anne said. "I've made a plan. I won't go to

マリラがグリーンゲイブルズを売ろうとしているのを知って、アンはショックを受けました。数日後、アンはここで教師になることに決めました。

college. [52] Gilbert is giving up his position at Avonlea school so I can teach and stay here with you."

"I won't let you do that!" Marilla cried. "You can't give up your dreams for me!"

"I'm grown up now, and I've decided," Anne said.

"You dear girl," said Marilla. "I don't know what I would do without you."

(144[3412] words)

◆KEYWORDS

- ☐ **shook** [ʃúk] < shake
- ☐ *shake hands*
- ☐ **discover** [dɪskʌ́vəʳ]
- ☐ **weak** [wíːk]
- ☐ **let** [lét]
- ☐ *have a talk*
- ☐ *make a plan*
- ☐ *give up*
- ☐ **position** [pəzíʃən]

◆KEY SENTENCES (☞ p. 74)

[51] When Anne asked Marilla / about it, / she discovered that / Marilla was selling Green Gables.

[52] Gilbert is giving up / his position / at Avonlea school / so / I can teach / and stay here / with you.

17 Chapter 17: A Difficult but Lovely World

That evening, Anne went for a walk. She wanted to watch the sunset from the little road. Just then, Gilbert happened to walk by. [53]He would have nodded politely and kept walking but Anne stopped him.

"Gilbert, I want to thank you for giving up Avonlea school for me," she said.

Gilbert gave a small smile. "I wanted to help when I heard you and Marilla were in trouble," he said. "I'll go teach at White Sands."

夕方散歩に出たアンはギルバートと出会いました。アヴォンリー校の教師の職を譲ってくれた彼にアンはお礼を言い、そして謝りました。

"I also want to say I'm sorry," Anne said. "I forgave you a long time ago but I never told you."

(98[3510] words)

◆ KEYWORDS

☐ *go for a walk*
☐ **sunset** [sʌ́nsèt]
☐ *happen to*
☐ *walk by*
☐ **nod** [nɑ́:d]
☐ **politely** [pəláɪtli]
☐ *in trouble*
☐ **forgave** [fəʳgéɪv] < forgive
☐ **sand** [sǽnd]

◆ KEY SENTENCES (☞ p. 74)

53 He would have nodded politely / and kept walking / but / Anne stopped him.

"I'm glad!" Gilbert said. [54]"We'll be such good friends, Anne."

Gilbert walked Anne home as darkness fell. That night, Anne felt strangely happy.

"This world can be difficult," she thought. "But it is still a lovely world."

(37[3547] words)

「私たちはとてもよい友だちになれるでしょう」とギルバートは言い、アンを家まで送りました。その夜、アンは不思議と幸福感を感じていました。

◆KEYWORDS

☐ *walk someone home* ☐ **darkness** [dá:ʳknəs]

◆KEY SENTENCES (☞ p. 74)

54 "We'll be / such good friends, / Anne."

〈 KEY SENTENCES の訳 〉

1. But when Matthew arrived, all he saw was a little girl.
しかし、マシューが到着したときに、彼が見たのは小さな女の子だけでした。

2. For a long time, he stood behind the station and thought about what to do.
長い間、彼は駅の後ろに立って、何をすべきか考えました。

3. I think I would climb that big tree over there and sleep in it.
あそこにある大きな木に登って、そこで寝ようと思っていたの。

4. He thought it best to take the girl home and have Marilla sort it out.
彼は少女を家に連れて行って、マリラにそれを解決してもらうことが最善であると思いました。

5. Marilla was, of course, very surprised when Matthew came home with a little girl.
マリラはもちろん、マシューが小さな女の子と一緒に帰宅したとき、とても驚きました。

6. "Anne, spelled with an 'e,'" said the girl.
「アン、「e」の綴りがついた方のです」と少女は言いました。

7. Mrs. Blewett came to me yesterday looking for a girl.
昨日、ブリュエット夫人が女の子を探しに私のところに来ました。

8. Anne had already had a difficult life, and Marilla felt sorry for her.
アンはすでにつらい生活を送ってきていたので、マリラは彼女を気の毒に思いました。

9. Matthew wanted to keep her and Marilla thought the girl could be helpful in the house.
マシューは彼女を引き取りたがっていて、マリラは少女が家事の助けになると思いました。

10. I promise I will work hard and become whatever you want me to be!
私は一生懸命に働いて、あなたが私になってほしいと思うようになることを約束します！

11. "Marilla, do you think I will have a best friend here in Avonlea?"
「マリラ、わたしはこのアヴォンリーで親友を得られると思いますか?」

12. The next day, Anne and Marilla went to the Barry family's house to introduce Anne to Diana.
翌日、アンとマリラはバリー家の家に行き、アンをダイアナに紹介しました。

13. Out in the garden, Diana and Anne got to know each other.
庭で、ダイアナとアンはお互いに知り合いになりました。

14. One day, as Anne and Diana walked home, Diana said a boy named Gilbert Blythe was coming back to school.
ある日、アンとダイアナが歩いて家に帰ると、ダイアナはギルバート・ブライスという少年が学校に戻ってくると言いました。

15. Diana smiled a little, as though she actually liked being teased by Gilbert.
ダイアナは、彼女が実際にギルバートにからかわれるのが好きであるかのように、少し微笑みました。

16. Anne decided that she would not forgive Gilbert Blythe for as long as she lived.
アンは、彼女が生きている限りギルバート・ブライスを許さないと決めました。

17. She allowed Anne to invite Diana over for tea.
彼女はアンがお茶のためにダイアナを招待することを許可しました。

18. Anne was delighted to be treated as such an adult.
アンはそのような大人として扱われたことを喜びました。

19. Anne's heart was broken because she had lost her best friend.
アンは、親友を失ったため、心を痛めました。

20. At school, Diana was not even allowed to talk to Anne.
学校では、ダイアナはアンと話すことさえ許されていませんでした。

21. They were often tied for first place in many different subjects.
しばしば、彼らは多くの異なる科目で1位を分け合いました。

22. She told Marilla, "It's hard to stay sad for long in such an interesting world, isn't it?"
彼女はマリラに「こんなに面白い世界で、長い間悲しんでいるのは難しいわ」と言いました。

23. When they arrived at Diana's house, Anne saw that little Minnie May was very sick with croup.
彼らがダイアナの家に着いたとき、アンは小さなミニー・メイがひどい喉頭炎で重病になっているのを見ました。

24. But Anne had cared for babies with croup at the orphanage before.
しかし、アンは以前に孤児院で喉頭炎にかかった赤ちゃんの世話をしていました。

25. When she found out what Anne did, she cried and thanked Anne for saving her baby.
彼女はアンが何をしたかを知ったとき、泣いてアンに赤ちゃんを助けてくれたことを感謝しました。

26. Anne told her yes, she could, and that she never meant to get Diana drunk.
アンは彼女に「はい、できます」と言い、そしてダイアナを酔わせるつもりはなかったと言いました。

27. She mostly stayed out of trouble and did well in school.
彼女は学校でほとんどのトラブルから逃れて、うまくやっていました。

28. Josie dared Anne to walk across the roof of the Barry family's house.
ジョシーはアンにバリー家の家の屋根を渡ってみろと挑発しました。

29. She worked especially hard at geometry, which was one of her worst subjects.
彼女は、彼女の最悪の科目の1つであった幾何学を、特に一生懸命勉強しました。

30. Miss Stacy had new ideas about how to teach, and how to get students to love learning.
ステイシー先生には、教え方や、生徒を勉強好きにさせる方法についての新しいアイデアがありました。

31. Still, that did not stop Anne from putting her whole heart into practicing for the concert.
それでも、それはアンがコンサートのために心を尽くすことを止めませんでした。

32. But he noticed something very different about Anne.
しかし、彼はアンについて何かが非常に異なっていることに気づきました。

33. "It is more beautiful than any dress I could have imagined!" she said.
「想像していたどんなドレスよりも美しいわ！」と彼女は言いました。

34. "I will never waste another thought on him."
「私は彼についてもう一度考え直するようなムダは決してしない」

35. But how could Anne stay angry for long?
しかし、アンはどうやって長い間怒り続けることができたでしょうか？

36. One day, they decided to play the scene of the lily maid from a famous poem.
ある日、彼らは有名な詩からリリー・メイドのシーンを演じることに決めました。

37. They ran to wait for her on the other side of the pond.
彼らは走って、池の反対側で彼女を待ちました。

38. She hoped help would come soon.
彼女はすぐに助けが来ることを期待しました。

39. Of course, it was Gilbert Blythe who came by in his boat.
もちろん、ボートに乗って来たのはギルバート・ブライスでした。

40. "Please be kind enough to take me to shore."
「どうか私を岸に連れて行ってください」

41. That night, Anne felt bad about what she said.
その夜、アンは自分の言ったことを後悔しました。

42. It was to prepare for the entrance exam to become a teacher.
それは教師になるための入試の準備をするものでした。

43. Gilbert was nice to all the girls except Anne.
ギルバートは、アン以外のすべての女の子に親切でした。

44. They had loved her and supported her more than anybody else in her life.
彼らは彼女を愛し、彼女の人生で誰よりも彼女を支えてきました。

45. The list of students who passed the exam was announced.
試験に合格した学生のリストが発表されました。

46. I didn't want you to be the only girl without one.
私はあなたがそれを持たない唯一の女の子にはなってほしくありませんでした。

47. Anne coming to us was the luckiest mistake in the world.
アンが私たちのところに来たのは、世界で最も幸運な間違いでした。

48. She was surprised to find out that Gilbert was not going to college.
彼女はギルバートが大学に行かないことを知って驚きました。

49. “If I were a boy, I could help you more on the farm,” she said to Matthew one evening.
「私が男の子だったら、農場をもっと助けることができたのに」と彼女はマシューにある晩言いました。

50. The next day became the saddest of Anne’s young life.
翌日は、アンの若い人生で最も悲しい日になりました。

51. When Anne asked Marilla about it, she discovered that Marilla was selling Green Gables.
アンがマリラにそれについて尋ねると、彼女はマリラがグリーン・ゲイブルズを売ろうとしていることを知ったのでした。

52. Gilbert is giving up his position at Avonlea school so I can teach and stay here with you.
ギルバートがアヴォンリーの学校の職を譲ってくれるので、私はここで教えたり、あなたと一緒に暮らすことができます。

53. He would have nodded politely and kept walking but Anne stopped him.
彼は礼儀正しくうなずいて、歩き続けようとしましたが、アンは彼を止めました。

54. “We’ll be such good friends, Anne.”
「私たちはとてもよい友だちになるでしょう、アン」

Word List

A
B
C
D
E
F
G
H
I
J
K
L
M
N
O
P
Q
R
S
T
U
V
W
X
Y
Z

・語形が規則変化する語の見出しは原形で示しています。不規則変化語は本文中で使われている形になっています。
・一般的な意味を紹介していますので、一部の語で本文で実際に使われている品詞や意味と合っていないことがあります。
・品詞は以下のように示しています。

名名詞	代代名詞	形形容詞	副副詞	動動詞	助 助動詞
前前置詞	接接続詞	間間投詞	冠冠詞	略略語	俗俗語
熟熟語	頭接頭語	尾接尾語	号記号	関関係代名詞	

A

□ **a** 冠 ①1つの, 1人の, ある ②〜につき

□ **about** 前 ①〜について ②〜のまわりに［の］ **feel bad about** 〜で気分が悪い, 〜を後悔する **worry about** 〜のことを心配する

□ **academy** 名 ①アカデミー, 学士院 ②学園, 学院

□ **across** 前 〜を渡って, 〜の向こう側に, (身体の一部に) かけて **run across** 走って渡る **walk across** 〜を歩いて渡る

□ **actually** 副 実際に, 本当に, 実は

□ **adopt** 動 養子にする

□ **adult** 名 大人, 成人

□ **afraid** 形 ①心配して ②恐れて, こわがって

□ **after** 前 ①〜の後に［で］, 〜の次に ②《前後に名詞がきて》次々に〜, 何度も〜《反復・継続を表す》 副 後に［で］ 接 (〜した) 後に［で］ 動 〜の後を追って, 〜を捜して

□ **again** 副 再び, もう一度

□ **age** 名 ①年齢 ②時代, 年代

□ **ago** 副 〜前に **long ago** ずっと前に, 昔

□ **ahead** 副 ①前方へ［に］ ②前もって **pull ahead** 前に出る

□ **all** 形 すべての, 〜中 **all day** 一日中, 明けても暮れても **all day long** 一日中, 終日 **all the way** 〔段階などの〕最後まで, 行き着くところまで **most of all** とりわけ, 中でも **stay up all night** 徹夜する 代 全部, すべて (のもの［人］) 名 全体 副 まったく, すっかり **not 〜 at all** 少しも［全然］ 〜ない

□ **allow** 動 ①許す, 《 – … to 〜》…が〜するのを可能にする, …に〜させておく ②与える

□ **almost** 副 ほとんど, もう少しで (〜するところ)

□ **alone** 形 ただひとりの 副 ひとりで, 〜だけで

□ **already** 副すでに，もう

□ **also** 副 ～も(また)，～も同様に 接その上，さらに

□ **always** 副いつも，常に

□ **am** 動 ～である，(～に)いる[ある]《主語がIのときのbeの現在形》

□ **amazing** 形驚くべき，見事な

□ **among** 前(3つ以上のもの)の間で[に]，～の中で[に]

□ **an** 冠 ①1つの，1人の，ある ②～につき

□ **and** 接 ①そして，～と… ②《同じ語を結んで》ますます ③《結果を表して》それで，だから

□ **anger** 名怒り 動怒る，～を怒らせる

□ **angrily** 副怒って，腹立たしげに

□ **angry** 形怒って，腹を立てて

□ **Anne Shirley** 名アン・シャーリー《人名》

□ **announce** 動(人に)知らせる，公表する

□ **another** 形 ①もう1つ[1人]の ②別の **another thought** 別の考え，再考 代 ①もう1つ[1人] ②別のもの

□ **answer** 動答える，応じる 名答え，応答，返事

□ **any** 形 ①《疑問文で》何か，いくつかの ②《否定文で》何も，少しも(～ない) ③《肯定文で》どの～も 代 ①《疑問文で》(～のうち)何か，どれか，誰か ②《否定文で》少しも，何も[誰も] ～ない ③《肯定文で》どれも，誰でも

□ **anybody** 代 ①《疑問文・条件節で》誰か ②《否定文で》誰も(～ない) ③《肯定文で》誰でも

□ **anymore** 副《通例否定文，疑問文で》今はもう，これ以上，これから

□ **anything** 代 ①《疑問文で》何か，どれでも ②《否定文で》何も，どれも(～ない) ③《肯定文で》何でも，どれでも 副いくらか

□ **approve** 動賛成する，承認する

□ **are** 動 ～である，(～に)いる[ある]《主語がyou, we, theyまたは複数名詞のときのbeの現在形》

□ **arm** 名腕 **throw one's arms around** 勢いよく(人)に抱きつく

□ **around** 副 ①まわりに，あちこちに ②およそ，約 前 ～のまわりに，～のあちこちに

□ **arrive** 動到着する，到達する **arrive at** ～に着く

□ **as** 接 ①《as ～ as …の形で》…と同じくらい～ ②～のとおりに，～のように ③～しながら，～しているときに ④～するにつれて，～にしたがって ⑤～なので ⑥～だけれども ⑦～する限りでは **as long as** ～する以上は，～である限りは **as much as** ～と同じだけ **as soon as** ～するとすぐ，～するや否や **as ～ as ever** 相変わらず，これまでのように 前 ①～として(の) ②～の時 **as such** そのようなものとして **as though** あたかも～のように，まるで～みたいに 副同じくらい 代 ①～のような ②～だが

□ **ask** 動 ①尋ねる，聞く ②頼む，求める

□ **at** 前 ①《場所・時》～に[で] ②《目

A B C D E F G H I J K L M N O P Q R S T U V W X Y Z

標・方向》～に[を]，～に向かって ③《原因・理由》～を見て[聞いて・知って] ④～に従事して，～の状態で **arrive at** ～に着く **at first** 最初は，初めのうちは **at the end of** ～の終わりに **at this** これを見て，そこで(すぐに) **be good at** ～が得意だ **not ～ at all** 少しも[全然]～ない **smile at** ～に微笑みかける

□ **autumn** 名 秋

□ **Avonlea** 名 アヴォンリー《地名》

□ **away** 副 離れて，遠くに，去って，わきに 形 離れた，遠征した

B

□ **baby** 名 赤ん坊

□ **babysitter** 名 ベビーシッター

□ **back** 副 ①戻って ②後ろへ[に] **come back to** ～へ帰ってくる，～に戻る **drive back to** 車で～へ[に]戻る **go back to** ～に帰る[戻る] **write back** 返事を書く 形 裏の，後ろの 動 後ろへ動く，後退する

□ **bad** 形 ①悪い，へたな，まずい ②気の毒な ③(程度が)ひどい，激しい **feel bad about** ～で気分が悪い，～を後悔する

□ **Barry** 名 バリー《人名》

□ **be** 動 ～である，(～に)いる[ある]，～となる 助 ①《現在分詞とともに用いて》～している ②《過去分詞とともに用いて》～される，～されている

□ **beautiful** 形 美しい，すばらしい

□ **became** 動 become (なる) の過去

□ **because** 接 (なぜなら) ～だから，～という理由[原因]で **because of** ～のために，～の理由で

□ **become** 動 ①(～に)なる ②(～に)似合う ③becomeの過去分詞 **become friends with** ～と友達になる

□ **bed** 名 ベッド，寝所 **get into bed** ベッドに入る **go to bed** 床につく，寝る

□ **before** 前 ～の前に[で]，～より以前に 接 ～する前に 副 以前に

□ **began** 動 begin (始まる) の過去

□ **behind** 前 ①～の後ろに，～の背後に ②～に遅れて，～に劣って **stand behind** ～の後ろ[背後]に立つ

□ **being** 動 be (～である) の現在分詞

□ **best** 形 最もよい，最大[多]の 副 最もよく，最も上手に 名《the －》①最上のもの ②全力，精いっぱい

□ **better** 形 ①よりよい ②(人が)回復して 副 ①よりよく，より上手に ②むしろ

□ **big** 形 ①大きい ②偉い，重要な

□ **black** 形 黒い 名 黒，黒色

□ **Blewett** 名 ブリュエット《人名》

□ **blue** 形 青い 名 青(色)

□ **board** 名 板，掲示板

□ **boat** 名 ボート，小舟，船

□ **boil** 動 沸騰する[させる]，煮える，煮る

□ **book** 名 本，書物

□ **both** 形 両方の，2つともの 副

《both ～ and … の形で》～も…も両方とも 代 両方, 両者, 双方

□ **bottle** 名 瓶, ボトル

□ **boy** 名 ①少年, 男の子 ②給仕

□ **breathe** 動 ①呼吸する ②ひと息つく, 休息する

□ **bridge** 名 橋

□ **bright** 形 ①輝いている, 鮮明な ②快活な

□ **bring** 動 ①持ってくる, 連れてくる ②もたらす, 生じる **bring home** 家に連れてくる

□ **broke** 動 break（壊す）の過去

□ **broken** 動 break（壊す）の過去分詞 形 ①破れた, 壊れた ②落胆した

□ **brother** 名 兄弟

□ **brought** 動 bring（持ってくる）の過去, 過去分詞

□ **busy** 形 忙しい

□ **but** 接 ①でも, しかし ②～を除いて 前 ～を除いて, ～のほかは 副 ただ, のみ, ほんの

□ **by** 前 ①《位置》～のそばに[で] ②《手段・方法・行為者・基準》～によって, ～で ③《期限》～までには ④《通過・経由》～を経由して, ～を通って **sit by the fire** 炉火のそばに座る 副 そばに, 通り過ぎて **come by** やって来る, 立ち寄る **walk by** 通りかかる

C

□ **call** 動 呼ぶ, 叫ぶ

□ **came** 動 come（来る）の過去

□ **can** 助 ①～できる ②～してもよい ③～でありうる ④《否定文で》～のはずがない **Can you ～?** ～してくれますか。

□ **care** 動 ①《通例否定文・疑問文で》気にする, 心配する ②世話をする **care for** ～の世話をする

□ **carrot** 名 ニンジン

□ **carry** 動 ①運ぶ, 連れていく, 持ち歩く ②伝わる, 伝える

□ **catch up to** 熟 ～に追いつく

□ **caught** 動 catch（つかまえる）の過去, 過去分詞

□ **ceremony** 名 儀式, 式典

□ **change** 動 ①変わる, 変える ②交換する

□ **chapter** 名 （書物の）章

□ **check** 動 確認する, チェックする

□ **cheek** 名 ほお

□ **children** 名 child（子ども）の複数

□ **Christmas** 名 クリスマス

□ **class** 名 ①学級, 組, 階級 ②授業

□ **classmate** 名 同級生, 級友

□ **clean** 形 きれいな, 清潔な

□ **climb** 動 登る, 徐々に上がる **climb onto**〔屋根などに〕上がる

□ **close** 動 閉じる, 閉める

□ **cloth** 名 布（地）, テーブルクロス, ふきん

□ **clothes** 動 clothe（服を着せる）の3人称単数現在 名 衣服, 身につけるもの

□ **college** 名 (単科)大学, (専門)学部, 各種学校

□ **come** 動 ①来る, 行く, 現れる ②(出来事が)起こる, 生じる ③~になる ④comeの過去分詞 **come back to** ~へ帰ってくる, ~に戻る **come by** やって来る, 立ち寄る **come in** 中にはいる, やってくる **come in first** 一番[一着]になる, 競走に勝つ **come looking for** ~を期待して[(人)に会いに]やって来る **come off the stage** 舞台[ステージ]を降りる

□ **coming** 動 come (来る)の現在分詞

□ **competition** 名 競争, 競合, コンペ

□ **concert** 名 音楽[演奏]会, コンサート

□ **continue** 動 続く, 続ける, (中断後)再開する, (ある方向に)移動していく

□ **could** 助 ①can (~できる)の過去 ②《控え目な推量・可能性・願望などを表す》 **How could ~?** 何だって~なんてことがありえようか?

□ **course** 熟 **of course** もちろん, 当然

□ **crash** 動 ①(人・乗り物が)衝突する, 墜落する ②大きな音を立ててぶつかる[壊れる] 名 ①激突, 墜落 ②(壊れるときの)すさまじい音

□ **croup** 名《病理》クループ《ひどい咳が出る喉頭炎》

□ **cry** 動 泣く, 叫ぶ, 大声を出す, 嘆く **cry out** 叫ぶ 名 泣き声, 叫び, かっさい

□ **cup** 名 カップ, 茶わん

□ **Cuthbert** 名 カスバート《人名》

D

□ **dare** 動《- to ~》思い切って[あえて] ~する **How dare you ~!** よくも~できるね。 助 思い切って[あえて] ~する 名 挑戦 **take a dare** 挑戦に応じる

□ **darkness** 名 暗さ, 暗やみ

□ **day** 名 ①日中, 昼間 ②日, 期日 ③《-s》時代, 生涯 **all day** 一日中, 明けても暮れても **all day long** 一日中, 終日 **every day** 毎日 **from that day on** その日からずっと **one day** (過去の)ある日

□ **dead** 形 死んでいる, 活気のない, 枯れた

□ **dear** 形 いとしい, 親愛なる, 大事な

□ **decide** 動 決定[決意]する, (~しようと)決める **decide to do** ~することに決める

□ **delighted** 動 delight (喜ぶ)の過去, 過去分詞 形 喜んでいる, うれしそうな

□ **Diana Barry** ダイアナ・バリー《人名》

□ **did** 動 do (~をする)の過去 助 doの過去

□ **die** 動 死ぬ, 消滅する

□ **difference** 名 違い, 相違, 差

□ **different** 形 異なった, 違った, 別の, さまざまな

□ **difficult** 形 困難な, むずかしい, 扱いにくい

□ **discover** 動 発見する，気づく

□ **do** 助 ①《ほかの動詞とともに用いて現在形の否定文・疑問文をつくる》 ②《同じ動詞を繰り返す代わりに用いる》 ③《動詞を強調するのに用いる》 動 ～をする **do well** 成績が良い，成功する **do without** ～なしですませる

□ **doctor** 名 医者，博士（号）

□ **does** 動 do（～をする）の3人称単数現在 助 doの3人称単数現在

□ **doing** 動 do（～をする）の現在分詞 **stop doing** ～するのをやめる 名 ①すること，したこと ②《-s》行為，出来事

□ **don't have to** ～する必要はない

□ **door** 名 ①ドア，戸 ②一軒，一戸

□ **down** 副 ①下へ，降りて，低くなって ②倒れて **lie down** 横たわる，横になる 前 ～の下方へ，～を下って

□ **dream** 名 夢，幻想

□ **dress** 名 ドレス，衣服，正装 **evening dress**〔礼装の〕イブニング・ドレス 動 ①服を着る［着せる］ ②飾る

□ **drink** 動 飲む，飲酒する

□ **drive** 動 車で行く，（車を）運転する **drive back to** 車で～へ［に］戻る

□ **drunk** 動 drink（飲む）の過去分詞 形（酒に）酔った，酔いしれた **get drunk** 酔う

E

□ **each** 形 それぞれの，各自の **each other** お互いに 代 それぞれ，各自 副 それぞれに

□ **easy** 形 ①やさしい，簡単な ②気楽な，くつろいだ

□ **eat** 動 食べる，食事する

□ **else** 副 ①そのほかに［の］，代わりに ②さもないと

□ **embarrassed** 動 embarrass（恥ずかしい思いをさせる）の過去，過去分詞 形 恥ずかしい，当惑して

□ **end** 名 ①終わり ②果て，末，端 **at the end of** ～の終わりに

□ **enemy** 名 敵

□ **energy** 名 ①力，勢い ②元気，精力，エネルギー

□ **enjoy** 動 楽しむ，享受する

□ **enough** 形 十分な，（～するに）足る 副（～できる）だけ，十分に，まったく **kind enough to do**《be ～》親切にも～する，わざわざ～する

□ **entrance** 名 ①入り口，入場 ②開始

□ **especially** 副 特別に，とりわけ

□ **even** 副 ①《強意》～でさえも，～ですら，いっそう，なおさら ②平等に

□ **evening** 名 夕方，晩 **evening dress**〔礼装の〕イブニング・ドレス

□ **event** 名 出来事，事件，イベント

□ **ever** 副 ①今までに，これまで，かつて，いつまでも ②《強意》いったい **as ～ as ever** 相変わらず，これまでのように

□ **every** 形 ①どの～も，すべての，あらゆる ②毎～，～ごとの **every day** 毎日

□ **everybody** 代 誰でも，皆

□ **everyone** 代 誰でも，皆

□ **exam** 名《略式》テスト，試験 **take an exam** 試験を受ける，受験する

□ **examine** 動 試験する，調査[検査]する，診察する

□ **except** 前 ～を除いて，～のほかは

□ **excited** 動 excite (興奮する)の過去，過去分詞 形 興奮した，わくわくした

□ **excitement** 名 興奮(すること)

□ **exciting** 動 excite (興奮する)の現在分詞 形 興奮させる，わくわくさせる

□ **explain** 動 説明する，明らかにする，釈明[弁明]する

□ **eye** 名 ①目，視力 ②眼識，観察力 ③注目

F

□ **face** 名 ①顔，顔つき ②外観，外見

□ **fall** 動 落ちる，倒れる **fall out of** ～から落ちる

□ **family** 名 家族，家庭，一門，家柄

□ **famous** 形 有名な，名高い

□ **farm** 名 農場，農家 動 (～を)耕作する

□ **father** 名 ①父親 ②先祖，創始者

□ **feel** 動 感じる，(～と)思う **feel bad about** ～で気分が悪い，～を後悔する **feel sick** 気分が悪い **feel sorry for** ～をかわいそうに思う

□ **fell** 動 fall (落ちる)の過去

□ **felt** 動 feel (感じる)の過去，過去分詞

□ **few** 形 ①ほとんどない，少数の(～しかない) ②《a－》少数の，少しはある

□ **field** 名 野原，田畑，広がり

□ **fifteen** 名 15(の数字)，15人[個] 形 15の，15人[個]の

□ **finally** 副 最後に，ついに，結局

□ **find** 動 ①見つける ②(～と)わかる，気づく，～と考える ③得る **find out** 見つけ出す，気がつく，知る

□ **fine** 形 ①元気な ②りっぱな，申し分ない，結構な ③〈話・間投詞的〉仕方がない(からそれでいい)，もういい

□ **fire** 名 火，炎，火事 **sit by the fire** 炉火のそばに座る

□ **first** 名 最初，第一(の人・物) **at first** 最初は，初めのうちは **come in first** 一番[一着]になる，競走に勝つ 形 ①第一の，最初の ②最も重要な **take first place**〔競争・コンテストなどで〕1位になる，優勝する **tie for first place** 1位を分ける，1位タイになる 副 第一に，最初に

□ **fishing** 動 fish (釣りをする)の現在分詞

□ **flash** 動 ①閃光を発する ②さっと動く，ひらめく

□ **floor** 名 床, 階

□ **flower** 名 花, 草花

□ **foot** 名 足, 足取り

□ **for** 前 ①《目的・原因・対象》～にとって, ～のために[の], ～に対して ②《期間》～間 ③《代理》～の代わりに ④《方向》～へ(向かって) 接 というわけは～, なぜなら～, だから

□ **forever** 副 永遠に, 絶えず

□ **forgave** 動 forgive (許す) の過去

□ **forgive** 動 許す, 免除する

□ **fought** 動 fight (戦う) の過去, 過去分詞

□ **found** 動 find (見つける) の過去, 過去分詞

□ **friend** 名 友だち, 仲間 **become friends with** ～と友だちになる

□ **from** 前 ①《出身・出発点・時間・順序・原料》～から ②《原因・理由》～がもとで **from that day on** その日からずっと

□ **front** 名 正面, 前 **in front of** ～の前に 形 正面の, 前面の

□ **funeral** 名 葬式, 葬列

□ **funny** 形 ①おもしろい, こっけいな ②奇妙な, うさんくさい

□ **future** 形 未来の, 将来の

G

□ **gable** 名《建築》切妻, 破風

□ **game** 名 ゲーム, 試合, 遊び, 競技

□ **garden** 名 庭, 庭園

□ **gave** 動 give (与える) の過去

□ **geometry** 名 幾何(学)

□ **get** 動 ①得る, 手に入れる ②(ある状態に)なる, いたる ③わかる, 理解する ④～させる, ～を(…の状態に)する ⑤(ある場所に)達する, 着く **get drunk** 酔う **get home** 家に着く[帰る] **get into bed** ベッドに入る **get into trouble** 面倒を起こす, トラブルに巻き込まれる **get ~ ready** ～の支度をする **get old** 年を取る, 年寄りになる **get sick** 病気になる, 気分が悪くなる **get someone to do** (人)に～させる[してもらう] **get to know** 知るようになる, 知り合う **it's getting late** 遅くなって

□ **Gilbert Blythe** ギルバート・ブライス《人名》

□ **girl** 名 女の子, 少女

□ **give** 動 ①与える, 贈る ②伝える, 述べる ③(～を)する **give up** あきらめる, やめる, 引き渡す

□ **glad** 形 ①うれしい, 喜ばしい ②《be – to ～》～してうれしい, 喜んで～する

□ **go** 動 ①行く, 出かける ②動く ③進む, 経過する, いたる ④(ある状態に)なる **be going to** ～するつもりである **go back to** ～に帰る[戻る] **go for a walk** 散歩に行く **go home** 帰宅する **go into** ～に入る, ～に行く **go on with** 〔仕事などを〕続ける, 進める **go to bed** 床につく, 寝る **go to sleep** 寝る

□ **god** 名 神

□ **good** 形 ①よい, 上手な, 優れた,

美しい ②(数量・程度が)かなりの, 相当な **be good at** 〜が得意だ

□ **goodbye** 間さようなら **say goodbye to** 〜にさよならと言う 名別れのあいさつ

□ **got** 動get(得る)の過去, 過去分詞

□ **gotten** 動get(得る)の過去分詞

□ **grabbing** 動grab(つかむ)の現在分詞

□ **graduate** 動卒業する, 学位を得る

□ **graduation** 名卒業(式)

□ **gray** 形①灰色の ②どんよりした, 憂うつな 名灰色

□ **great** 形①大きい, (量や程度が)たいへんな ②偉大な, 優れた ③すばらしい, おもしろい

□ **green** 形緑色の, 青々とした

□ **grow up** 熟成長する, 大人になる

□ **grown** 動grow(成長する)の過去分詞 形成長した, 成人した

H

□ **had** 動have(持つ)の過去, 過去分詞 助haveの過去《過去完了の文をつくる》

□ **hair** 名髪, 毛

□ **hand** 名手 **shake hands** 握手する

□ **handsome** 形端正な(顔立ちの), りっぱな, (男性が)ハンサムな

□ **happen** 動①(出来事が)起こる, 生じる ②偶然[たまたま] 〜する **happen to** たまたま〜する, 偶然〜する

□ **happily** 副幸福に, 楽しく, うまく, 幸いにも

□ **happiness** 名幸せ, 喜び

□ **happy** 形幸せな, うれしい, 幸運な, 満足して **be happy to do** 〜してうれしい, 喜んで〜する

□ **hard** 形①堅い ②激しい, むずかしい ③熱心な, 勤勉な ④無情な, 耐えがたい, 厳しい, きつい **hard to** 〜し難い 副①一生懸命に ②激しく ③堅く

□ **has** 動have(持つ)の3人称単数現在 助haveの3人称単数現在《現在完了の文をつくる》

□ **have** 動①持つ, 持っている, 抱く ②(〜が)ある, いる ③食べる, 飲む ④経験する, (病気に)かかる ⑤催す, 開く ⑥(人に) 〜させる **don't have to** 〜する必要はない **have a talk** 話をする **have to** 〜しなければならない 助《〈have＋過去分詞〉の形で現在完了の文をつくる》〜した, 〜したことがある, ずっと〜している

□ **he** 代彼は[が]

□ **head** 名頭

□ **heard** 動hear(聞く)の過去, 過去分詞

□ **heart** 名①心臓, 胸 ②心, 感情, ハート ③中心, 本質 **put one's whole heart into** 〜に本気を出す

□ **held** 動hold(つかむ)の過去, 過去分詞

□ **help** 動①助ける, 手伝う ②給仕

する help with ～ ～を手伝う 名 助け，手伝い

□ **helpful** 形 役に立つ，参考になる

□ **her** 代 ①彼女を［に］ ②彼女の

□ **here** 副 ①ここに［で］ ②《－is［are］～》ここに～がある ③さあ，そら 名 ここ

□ **hey** 間 ①《呼びかけ・注意を促して》おい，ちょっと ②へえ，おや，まあ

□ **high** 副 ①高く ②ぜいたくに

□ **him** 代 彼を［に］

□ **hire** 動 雇う，賃借りする

□ **his** 代 ①彼の ②彼のもの

□ **hit** 動 ①打つ，なぐる ②ぶつける，ぶつかる ③命中する ④hitの過去，過去分詞

□ **hold on** 熟 しっかりつかまる

□ **holiday** 名 祝祭日，休暇

□ **home** 名 家，自国，故郷，家庭 副 家に，自国へ **bring home** 家に連れてくる **get home** 家に着く［帰る］ **go home** 帰宅する **take someone home**（人）を家まで送る **walk someone home**〔歩いて〕（人）を家まで送る

□ **homemade** 形 手作りの，自家製の

□ **hope** 名 希望，期待，見込み 動 望む，（～であるようにと）思う

□ **hot** 形 ①暑い，熱い ②できたての，新しい ③からい，強烈な，熱中した

□ **house** 名 ①家，家庭 ②（特定の目的のための）建物，小屋

□ **how** 副 ①どうやって，どれくらい，どんなふうに ②なんて（～だろう） ③《関係副詞》～する方法 **How could ～?** 何だって～なんてことがありえようか？ **How dare you ～!** よくも～できるね。 **how to** ～する方法

I

□ **I** 代 私は［が］

□ **idea** 名 考え，意見，アイデア，計画

□ **if** 接 もし～ならば，たとえ～でも，～かどうか

□ **imagine** 動 想像する，心に思い描く

□ **importantly** 副 重大に，もったいぶって

□ **in** 前 ①《場所・位置・所属》～（の中）に［で・の］ ②《時》～（の時）に［の・で］，～後（に），～の間（に） ③《方法・手段》～で ④～を身につけて，～を着て ⑤～に関して，～について ⑥《状態》～の状態で **in front of** ～の前に **in the world** 世界で **in trouble** 面倒な状況で，困って 副 中へ［に］，内へ［に］

□ **inside** 副 内部［内側］に 前 ～の内部［内側］に

□ **instantly** 副 すぐに，即座に

□ **instead** 副 その代わりに

□ **interested** 動 interest（興味を起こさせる）の過去，過去分詞 形 興味を持った，関心のある **be interested in** ～に興味［関心］がある

□ **interesting** 動 interest（興味を起こさせる）の現在分詞 形 おもし

ろい, 興味を起こさせる

□ **into** 前 ①《動作・運動の方向》～の中へ[に] ②《変化》～に[へ]

□ **introduce** 動 紹介する, 採り入れる, 導入する

□ **invite** 動 ①招待する, 招く ②勧める, 誘う ③～をもたらす **invite someone over ～** (人)を～に招待する

□ **is** 動 be(～である)の3人称単数現在

□ **it** 代 ①それは[が], それを[に] ②《天候・日時・距離・寒暖などを示す》

J

□ **January** 名 1月

□ **join** 動 ①一緒になる, 参加する ②連結[結合]する, つなぐ

□ **Josie Pye** ジョシー・パイ《人名》

□ **juice** 名 ジュース, 液, 汁

□ **jump** 動 跳ぶ, 跳躍する, 飛び越える **jump out of** ～から飛び出す **jump up** 素早く立ち上がる

□ **just** 形 正しい, もっともな, 当然な 副 ①まさに, ちょうど, (～した)ばかり ②ほんの, 単に, ただ～だけ ③ちょっと **just then** そのとたんに

K

□ **keep** 動 ①とっておく, 保つ, 続ける ②(～を…に)しておく ③飼う, 養う ④守る **keep ～ (a) secret** ～を秘密にする, ～について黙っている

□ **kept** 動 keep(とっておく)の過去, 過去分詞

□ **kind** 形 親切な, 優しい **kind enough to do** 《be ～》親切にも～する, わざわざ～する 名 種類

□ **kiss** 名 キス 動 キスする

□ **knew** 動 know(知っている)の過去

□ **know** 動 ①知っている, 知る, (～が)わかる, 理解している ②知り合いである **get to know** 知るようになる, 知り合う

L

□ **lady** 名 婦人, 夫人, 淑女, 奥さん

□ **late** 形 ①遅い, 後期の ②最近の ③《the –》故～ **it's getting late** 遅くなって 副 ①遅れて, 遅く ②最近まで, 以前

□ **later** 形 もっと遅い, もっと後の 副 後で, 後ほど

□ **laugh** 動 笑う 名 笑い(声)

□ **laughter** 名 笑い(声)

□ **lay** 動 ①置く, 横たえる, 敷く ②lie(横たわる)の過去

□ **learn** 動 学ぶ, 習う, 教わる, 知識[経験]を得る

□ **leave** 動 ①出発する, 去る ②残す, 置き忘れる ③(～を…の)ままにしておく ④ゆだねる

□ **let** 動 (人に～)させる, (～するのを)許す, (～をある状態に)する

□ **lie down** 熟 横たわる, 横になる

□ **life** 名 ①生命, 生物 ②一生, 生涯, 人生 ③生活, 暮らし, 世の中

□ **like** 動 好む, 好きである 前 ～に似ている, ～のような 形 似ている, ～のような 接 あたかも～のように

□ **lily** 名 ユリ(百合)《植物》

□ **list** 名 名簿, 目録, 一覧表

□ **little** 形 ①小さい, 幼い ②少しの, 短い ③ほとんど～ない,《a －》少しはある 副 全然～ない,《a －》少しはある

□ **live** 動 住む, 暮らす, 生きている **live on** ～を糧として生きる

□ **lonely** 形 ①孤独な, 心さびしい ②ひっそりした, 人里離れた

□ **long** 形 ①長い, 長期の ②《長さ・距離・時間などを示す語句を伴って》～の長さ[距離・時間]の 副 長い間, ずっと **all day long** 一日中, 終日 **as long as** ～する以上は, ～である限りは **long ago** ずっと前に, 昔 名 長い期間 **for long** 長い間

□ **look** 動 ①見る ②(～に)見える, (～の)顔つきをする ③注意する ④《間投詞のように》ほら, ねえ **come looking for** ～を期待して[(人)に会いに]やって来る **look for** ～を探す **not look well** 顔色が悪い, 元気がないみたいだ

□ **lose** 動 ①失う, 迷う, 忘れる ②負ける, 失敗する

□ **lost** 動 lose (失う) の過去, 過去分詞

□ **lot** 名 たくさん, たいへん,《a – of ～/ -s of ～》たくさんの～

□ **love** 名 愛, 愛情, 思いやり 動 愛する, 恋する, 大好きである

□ **lovely** 形 愛らしい, 美しい, すばらしい

□ **lucky** 形 幸運な, 運のよい, 縁起のよい **lucky for** (人) にとってラッキーだったことには

M

□ **made** 動 make (作る) の過去, 過去分詞 形 作った, 作られた

□ **maid** 名 お手伝い, メイド

□ **make** 動 ①作る, 得る ②行う, (～に) なる ③(～を…に) する, (～を…) させる **make a plan** 計画を立てる

□ **making** 動 make (作る) の現在分詞 名 制作, 製造

□ **man** 名 男性, 人, 人類

□ **manager** 名 経営者, 支配人, 支店長, 部長

□ **many** 形 多数の, たくさんの 代 多数 (の人・物)

□ **Marilla Cuthbert** マリラ・カスバート《人名》

□ **matter** 名 物, 事, 事件, 問題 動《主に疑問文・否定文で》重要である

□ **Matthew Cuthbert** マシュー・カスバート《人名》

□ **maybe** 副 たぶん, おそらく

□ **me** 代 私を[に]

□ **mean** 動 ①意味する ②(～のつもりで) 言う, 意図する ③～するつもりである 形 ①卑怯な, けちな,

意地悪な ②中間の

□ **meant** 動mean(意味する)の過去, 過去分詞

□ **meanwhile** 副それまでの間, 一方では

□ **medicine** 名①薬 ②医学, 内科

□ **meet** 動①会う, 知り合いになる ②合流する, 交わる ③(条件などに)達する, 合う

□ **meeting** 動meet(会う)の現在分詞 名集まり, ミーティング, 面会

□ **merry** 形陽気な, 愉快な, 快活な

□ **met** 動meet(会う)の過去, 過去分詞

□ **midnight** 名夜の12時, 真夜中, 暗黒 形真夜中の, 真っ暗な

□ **might** 助《mayの過去》①～かもしれない ②～してもよい, ～できる 名力, 権力

□ **mind** 名①心, 精神, 考え ②知性 動①気にする, いやがる ②気をつける, 用心する

□ **Minnie May** ミニー・メイ《人名》

□ **miss** 動①失敗する, 免れる, ～を見逃す ②(～が)ないのに気づく, (人が)いなくてさびしく思う 名《M-》《女性に対して》～さん, ～先生

□ **mistake** 名誤り, 誤解, 間違い 動間違える, 誤解する

□ **moment** 名①瞬間, ちょっとの間 ②(特定の)時, 時期

□ **money** 名金, 通貨

□ **more** 形①もっと多くの ②それ以上の, 余分の 副もっと, さらに多く, いっそう **more than** ～以上 名もっと多くの物[人]

□ **morning** 名朝, 午前

□ **most** 形①最も多い ②たいていの, 大部分の 代①大部分, ほとんど ②最多数, 最大限 副最も(多く), 何よりも, この上なく《many, muchの最上級》 **most of all** とりわけ, 中でも

□ **mostly** 副主として, 多くは, ほとんど

□ **mother** 名母, 母親

□ **Mr.** 名《男性に対して》～さん, ～氏, ～先生

□ **Mrs.** 名《結婚している女性に対して》～さん, ～夫人, ～先生

□ **much** 形(量・程度が)多くの, 多量の 副①とても, たいへん ②《比較級・最上級を修飾して》ずっと, はるかに **as much as** ～と同じだけ **too much** 過度の 名多量, たくさん, 重要なもの

□ **must** 助①～しなければならない ②～に違いない

□ **my** 代私の **Oh, my!** まあ, おやおや

N

□ **name** 名名前 動①名前をつける ②名指しする

□ **near** 前～の近くに, ～のそばに 形近い, 親しい 副近くに, 親密で

□ **need** 動(～を)必要とする, 必要である 助～する必要がある

□ **nervous** 形①神経の ②神経質

な，おどおどした

□ **never** 副決して［少しも］～ない，一度も［二度と］～ない

□ **new** 形①新しい，新規の ②新鮮な，できたての

□ **news** 名報道，ニュース，便り，知らせ

□ **next** 形①次の，翌～ ②隣の

□ **nice** 形すてきな，よい，きれいな，親切な

□ **night** 名夜，晩 **stay up all night** 徹夜する

□ **no** 副①いいえ，いや ②少しも～ない 形～がない，少しも～ない，～どころでない，～禁止

□ **nobody** 代誰も［1人も］～ない

□ **nod** 動うなずく，うなずいて～を示す

□ **nose** 名鼻，嗅覚，におい

□ **not** 副～でない，～しない **not look well** 顔色が悪い，元気がないみたいだ **not ～ at all** 少しも［全然］～ない

□ **note** 名メモ，覚え書き

□ **notice** 動①気づく，認める ②通告する

□ **now** 副①今（では），現在 ②今すぐに ③では，さて 名今，現在 形今の，現在の

O

□ **October** 名10月

□ **of** 前①《所有・所属・部分》～の，～に属する ②《性質・特徴・材料》～の，～製の ③《部分》～のうち ④《分離・除去》～から

□ **of course** もちろん，当然

□ **off** 副①離れて ②はずれて ③止まって ④休んで **rush off** 急いで出て行く 前～から離れて **come off the stage** 舞台［ステージ］を降りる

□ **often** 副しばしば，たびたび

□ **oh** 間ああ，おや，まあ **Oh, my!** まあ，おやおや

□ **old** 形①年取った，老いた ②～歳の ③古い，昔の **get old** 年を取る，年寄りになる 名昔，老人

□ **on** 前①《場所・接触》～（の上）に ②《日・時》～に，～と同時に，～のすぐ後で ③《関係・従事》～に関して，～について，～して 副①身につけて，上に ②前へ，続けて

□ **one** 名1（の数字），1人［個］ 形①1の，1人［個］の ②ある～ ③《the －》唯一の **one day**（過去の）ある日 代①（一般の）人，ある物 ②一方，片方 ③～なもの **one of** ～の1つ［人］

□ **only** 形唯一の 副①単に，～にすぎない，ただ～だけ ②やっと

□ **onto** 前～の上へ［に］ **climb onto**〔屋根などに〕上がる

□ **or** 接①～か…，または ②さもないと ③すなわち，言い換えると

□ **orphanage** 名児童養護施設

□ **other** 形①ほかの，異なった ②（2つのうち）もう一方の，（3つ以上のうち）残りの 代①ほかの人［物］ ②《the －》残りの1つ **each** other お互いに 副そうでなく，別に

□ **our** 代私たちの

□ **out** 副 ①外へ[に]，不在で，離れて ②世に出て ③消えて ④すっかり **cry out** 叫ぶ **fall out of** ～から落ちる **find out** 見つけ出す，気がつく，知る **jump out of** ～から飛び出す **sort out** ～を整理[解決]する **stay out of trouble** トラブル[面倒・厄介事]に巻き込まれないようにする 形 ①外の，遠く離れた ②公表された 前 ～から外へ[に] 動 ①追い出す ②露見する

□ **outside** 名外部，外側 副外へ，外側に

□ **over** 前 ①～の上の[に]，～を一面に覆って ②～を越えて，～以上に，～よりまさって ③～の向こう側の[に] ④～の間 副上に，一面に，ずっと **over there** あそこに 形 ①上部の，上位の，過多の ②終わって，すんで

□ **overjoy** 動（人）を大喜びさせる

P

□ **pain** 名痛み，苦悩

□ **pale** 形 ①（顔色・人が）青ざめた，青白い ②（色が）薄い，（光が）薄暗い

□ **part** 名 ①部分，割合 ②役目

□ **party** 名パーティー，会，集まり

□ **pass** 動 ①〔時が〕経つ ②〔試験などに〕合格する，受かる

□ **pause** 名 ①（活動の）中止，休止 ②区切り 動休止する，立ち止まる

□ **pay** 動 ①支払う，払う，報いる，償う ②割に合う，ペイする

□ **peacefully** 副平和に，穏やかに

□ **performer** 名出演者，上演者

□ **person** 名 ①人 ②人格，人柄

□ **pick** 動 ①（花・果実などを）摘む，もぐ ②選ぶ，精選する **pick up** 拾い上げる

□ **pink** 形ピンク色の 名ピンク色

□ **place** 名 ①場所，建物 ②余地，空間 ③《one's －》家，部屋 **take first place**〔競争・コンテストなどで〕1位になる，優勝する **tie for first place** 1位を分ける，1位タイになる

□ **plain** 形 ①明白な，はっきりした ②簡素な ③平らな ④不細工な，平凡な

□ **plan** 名計画，設計(図)，案 **make a plan** 計画を立てる 動計画する

□ **play** 動 ①遊ぶ，競技する ②（楽器を）演奏する，（役を）演じる **someone to play with** 遊び相手 名遊び，競技，劇

□ **please** 動喜ばす，満足させる 間どうぞ，お願いします

□ **pocket** 名ポケット，袋

□ **poem** 名詩

□ **politely** 副ていねいに，上品に

□ **pond** 名池

□ **position** 名 ①位置，場所，姿勢 ②地位，身分，職 ③立場，状況 動置く，配置する

□ **post** 名柱，くい

□ **practice** 動〔上達のために～を〕練習する，訓練する

□ **prepare** 動 ①準備[用意]をする ②覚悟する[させる] **prepare for** ～の準備をする

□ **pretty** 形 ①かわいい，きれいな ②相当な

□ **pride** 名 誇り，自慢，自尊心 動《- oneself》誇る，自慢する

□ **promise** 名 ①約束 ②有望 動 ①約束する ②見込みがある

□ **proud** 形 ①自慢の，誇った，自尊心のある ②高慢な，尊大な **proud of**《be ～》～を自慢に思う，～に満足する

□ **pull** 動 ①引く，引っ張る ②引きつける **pull ahead** 前に出る

□ **push** 動 ①押す，押し進む，押し進める ②進む，突き出る 名 押し，突進，後援

□ **put** 動 ①置く，のせる ②入れる，つける ③(ある状態に)する ④put の過去，過去分詞 **put in** ～の中に入れる **put on** ①～を身につける，着る ②～を…の上に置く ③〔ショー・劇を〕催す，上演する **put one's whole heart into** ～に本気を出す **put ～ into …** ～を…に突っ込む[入れ込む]

Q

□ **Queen** 名 女王，王妃

□ **question** 名 質問，疑問，問題 動 ①質問する ②調査する ③疑う

□ **quickly** 副 敏速に，急いで

□ **quiet** 形 ①静かな，穏やかな，じっとした ②おとなしい，無口な，目立たない 名 静寂，平穏 動 静まる，静める

□ **quietly** 副 ①静かに ②平穏に，控えめに

R

□ **raise** 動〔人や物を〕(持ち)上げる，掲げる

□ **ran** 動 run (走る)の過去

□ **raspberry** 名《植物》ラズベリー，キイチゴ

□ **rather** 副 ①むしろ，かえって ②かなり，いくぶん，やや ③それどころか逆に **would rather** ～する方がよい **would rather ～ than …** …よりむしろ～したい

□ **read** 動 読む，読書する

□ **reading** 動 read (読む)の現在分詞 名 読書，読み物，朗読

□ **ready** 形 用意[準備]ができた，まさに～しようとする，今にも～せんばかりの **be ready to** すぐに[いつでも] ～できる，～する構えで **get ～ ready** ～の支度をする 動 用意[準備]する

□ **really** 副 本当に，実際に，確かに

□ **reason** 名 ①理由 ②理性，道理

□ **red** 形 赤い 名 赤，赤色

□ **remember** 動 思い出す，覚えている，忘れないでいる

□ **rescue** 動 救う 名 救助，救出

□ **return** 動 帰る，戻る，返す

□ **right** 形 ①正しい ②適切な ③健全な ④右(側)の

□ **road** 名 ①道路, 道, 通り ②手段, 方法

□ **roof** 名 屋根(のようなもの), 住居 動 屋根をつける

□ **room** 名 ①部屋 ②空間, 余地

□ **rose** 名 ①バラ(の花) ②バラ色 形 バラ色の 動 rise(昇る)の過去

□ **row** 名 ①(横に並んだ)列 ②舟をこぐこと ③論争, 騒ぎ 動 ①1列に並べる ②(舟を)こぐ ③騒ぐ

□ **run across** 熟 走って渡る

□ **rush** 動 突進する, せき立てる **rush in** ～に突入する, ～に駆けつける **rush off** 急いで出て行く 名 突進, 突撃, 殺到

S

□ **sad** 形 ①悲しい, 悲しげな ②惨めな, 不運な

□ **said** 動 say(言う)の過去, 過去分詞

□ **sand** 名 ①砂 ②《-s》砂漠, 砂浜

□ **sank** 動 sink(沈む)の過去

□ **sat** 動 sit(座る)の過去, 過去分詞

□ **save** 動 ①救う, 守る ②とっておく, 節約する

□ **saving** 動 save(救う)の現在分詞 名 救助

□ **saw** 動 see(見る)の過去

□ **say** 動 言う, 口に出す **say goodbye to** ～にさよならと言う

□ **scared** 動 scare(こわがらせる)の過去, 過去分詞 形 おびえた, びっくりした

□ **scene** 名 光景, 風景

□ **scholarship** 名 ①奨学金 ②学問, 学識

□ **school** 名 学校, 校舎, 授業(時間)

□ **schoolwork** 名 学校の勉強

□ **scream** 動 叫ぶ, 金切り声を出す

□ **secret** 形 ①秘密の, 隠れた ②神秘の, 不思議な 名 秘密, 神秘 **keep ～ (a) secret** ～を秘密にする, ～について黙っている

□ **see** 動 ①見る, 見える, 見物する ②(～と)わかる, 認識する, 経験する ③会う ④考える, 確かめる, 調べる ⑤気をつける

□ **seem** 動 (～に)見える, (～のように)思われる

□ **sell** 動 売る, 売っている, 売れる

□ **send** 動 ①送る, 届ける ②手紙を出す ③(人を～に)行かせる ④《－＋人[物など]＋～ing》～を(ある状態に)する **send for** ～を呼びにやる, ～を呼び寄せる

□ **sent** 動 send(送る)の過去, 過去分詞

□ **serious** 形 ①まじめな, 真剣な ②重大な, 深刻な, (病気などが)重い

□ **shake hands** 握手する

□ **shall** 助 ①《Iが主語で》～するだろう, ～だろう ②《I以外が主語で》(…に) ～させよう, (…は) ～することになるだろう **Shall we ～?** (一緒に) ～しましょうか。

□ **sharp** 形 ①鋭い, とがった ②刺すような, きつい ③鋭敏な ④急な

□ **she** 代 彼女は[が]

□ **shock** 名 衝撃, ショック 動 ショックを与える

□ **shocked** 形 ～にショックを受けて, 憤慨して

□ **shone** 動 shine (光る) の過去, 過去分詞

□ **shook** 動 shake (振る) の過去

□ **shore** 名 岸, 海岸, 陸

□ **should** 助 ～すべきである, ～したほうがよい

□ **show** 動 ①見せる, 示す, 見える ②明らかにする, 教える ③案内する 名 見世物, ショー

□ **shy** 形 内気な, 恥ずかしがりの, 臆病な

□ **sick** 形 ①病気の ②むかついて, いや気がさして **feel sick** 気分が悪い **get sick** 病気になる, 気分が悪くなる

□ **side** 名 側, 横, そば, 斜面

□ **sing** 動 ① (歌を) 歌う ②さえずる

□ **sink** 動 沈む, 沈める, 落ち込む

□ **sister** 名 ①姉妹, 姉, 妹 ②修道女

□ **sit** 動 座る, 腰掛ける **sit by the fire** 炉火のそばに座る

□ **six** 名 6 (の数字), 6人[個] 形 6の, 6人[個]の

□ **sleep** 動 ①眠る, 寝る ②活動しない **sleep in** ～で寝る, 寝床に入る 名 睡眠, 眠り **go to sleep** 寝る

□ **slowly** 副 遅く, ゆっくり

□ **small** 形 ①小さい, 少ない ②取るに足りない 副 小さく, 細かく

□ **smart** 形 ①利口な, 抜け目のない ②きちんとした, 洗練された

□ **smile** 動 微笑する, にっこり笑う **smile at** ～に微笑みかける 名 微笑, ほほえみ

□ **snowy** 形 雪の多い, 雪のように白い

□ **so** 副 ①とても ②同様に, ～もまた ③《先行する句・節の代用》そのように, そう **so ～ that …** 非常に～なので… 接 ①だから, それで ②では, さて

□ **solo** 名 独唱, 独奏, ソロ 形 独演の, 単独の 副 ソロで, 単独で

□ **some** 形 ①いくつかの, 多少の ②ある, 誰か, 何か 副 約, およそ 代 ①いくつか ②ある人[物]たち

□ **someone** 代 ある人, 誰か **get someone to do** (人) に～させる [してもらう] **invite someone over ～** (人) を～に招待する **It is ～ for someone to …** (人) が…するのは～だ **someone to play with** 遊び相手 **take someone home** (人) を家まで送る **thank someone for ～** ～に対して (人) に礼を言う **walk someone home** 〔歩いて〕(人) を家まで送る

□ **something** 代 ①ある物, 何か ②いくぶん, 多少

□ **soon** 副 まもなく, すぐに, すみやかに **as soon as** ～するとすぐ, ～するや否や

□ **sorry** 形 気の毒に[申し訳なく]思う, 残念な **feel sorry for** ～をかわいそうに思う

□ **sort** 名 種類, 品質 動 分類する **sort out** ～を整理[解決]する

□ **sound** 名 音，騒音，響き，サウンド 動 ①音がする，鳴る ②(～のように)思われる，(～と)聞こえる

□ **special** 形 ①特別の，特殊の，臨時の ②専門の

□ **spell** 動 (語を)つづる，つづりを言う

□ **spend** 動 ①(金などを)使う，消費[浪費]する ②(時を)過ごす

□ **spent** 動 spend (使う)の過去，過去分詞 形 使い果たした，疲れ切った

□ **spring** 名 春

□ **Stacy** 名 ステイシー《人名》

□ **stage** 名 ①舞台 ②段階 **come off the stage** 舞台[ステージ]を降りる 動 上演する

□ **stand** 動 ①立つ，立たせる，立っている，ある ②耐える，立ち向かう **stand behind** ～の後ろ[背後]に立つ

□ **star** 名 ①星，星形の物 ②人気者 形 星形の

□ **start** 動 ①出発する，始まる，始める ②生じる，生じさせる **start to do** ～し始める 名 出発，開始

□ **station** 名 駅

□ **stay** 動 ①とどまる，泊まる，滞在する ②持続する，(～の)ままでいる **stay out of trouble** トラブル[面倒・厄介事]に巻き込まれないようにする **stay up all night** 徹夜する **stay with** ～の所に泊まる 名 滞在

□ **still** 副 ①まだ，今でも ②それでも(なお) 形 静止した，静かな

□ **stood** 動 stand (立つ)の過去，過去分詞

□ **stop** 動 ①やめる，やめさせる，止める，止まる ②立ち止まる **stop doing** ～するのをやめる 名 ①停止 ②停留所，駅

□ **strangely** 副 奇妙に，変に，不思議なことに，不慣れに

□ **strong** 形 ①強い，堅固な，強烈な ②濃い ③得意な 副 強く，猛烈に

□ **student** 名 学生，生徒

□ **studied** 動 study (勉強する)の過去，過去分詞

□ **study** 動 ①勉強する，研究する ②調べる

□ **subject** 名 ①話題，議題，主題 ②学科 ③題材，対象

□ **such** 形 ①そのような，このような ②そんなに，とても，非常に 代 そのような人[物] **as such** そのようなものとして

□ **suddenly** 副 突然，急に

□ **summer** 名 夏

□ **sunset** 名 日没，夕焼け

□ **support** 動 ①支える，支持する ②養う，援助する

□ **surprised** 動 surprise (驚かす)の過去，過去分詞 **be surprised to do** ～して驚く 形 驚いた

T

□ **take** 動 ①取る，持つ ②持って[連れて]いく，捕らえる ③乗る ④(時間・労力を)費やす，必要とする ⑤(ある動作を)する ⑥飲む

⑦耐える，受け入れる **take a dare** 挑戦に応じる **take an exam** 試験を受ける，受験する **take first place**〔競争・コンテストなどで〕1位になる，優勝する **take someone home**（人）を家まで送る **take ~ to …** ～を…に連れて行く

□ **talk** 動 話す，語る，相談する 名 話，おしゃべり **have a talk** 話をする

□ **tall** 形 高い，背の高い

□ **taste** 動 味がする，味わう

□ **tea** 名 ①茶，紅茶 ②お茶の会，午後のお茶

□ **teach** 動 教える

□ **teacher** 名 先生，教師

□ **tear** 名 ①涙 ②裂け目

□ **tease** 動 いじめる，からかう，悩ます

□ **tell** 動 ①話す，言う，語る ②教える，知らせる，伝える **tell ~ to …** ～に…するように言う

□ **ten** 名 10（の数字），10人［個］ 形 10の，10人［個］の

□ **than** 接 ～よりも，～以上に **more than** ～以上 **would rather ~ than …** …よりむしろ～したい

□ **thank** 動 感謝する，礼を言う **thank someone for ~** ～に対して（人）に礼を言う 名《-s》感謝，謝意

□ **that** 形 その，あの **from that day on** その日からずっと 代 ①それ，あれ，その［あの］人［物］ ②《関係代名詞》～である… 接 ～ということ，～なので，～だから **so ~ that …** 非常に～なので… 副 そんなに，それほど

□ **the** 冠 ①その，あの ②《形容詞の前で》～な人々 副《－＋比較級－＋比較級》～すればするほど…

□ **their** 代 彼（女）らの，それらの

□ **them** 代 彼（女）らを［に］，それらを［に］

□ **then** 副 その時（に・は），それから，次に **just then** そのとたんに 名 その時 形 その当時の

□ **there** 副 ①そこに［で・の］，そこへ，あそこへ ②《－is［are］～》～がある［いる］ **over there** あそこに 名 そこ

□ **they** 代 ①彼（女）らは［が］，それらは［が］ ②（一般の）人々は［が］

□ **thing** 名 ①物，事 ②《-s》事情，事柄

□ **think** 動 思う，考える

□ **this** 形 ①この，こちらの，これを ②今の，現在の 代 ①これ，この人［物］ ②今，ここ **at this** これを見て，そこで（すぐに）

□ **though** 接 ①～にもかかわらず，～だが ②たとえ～でも **as though** あたかも～のように，まるで～みたいに 副 しかし

□ **thought** 動 think（思う）の過去，過去分詞 名 考え，意見 **another thought** 別の考え，再考

□ **three** 名 3（の数字），3人［個］ 形 3の，3人［個］の

□ **threw** 動 throw（投げる）の過去

□ **through** 前 ～を通して，～中を［に］，～中 副 ①通して ②終わりまで，まったく，すっかり

□ **throw one's arms around**

勢いよく(人)に抱きつく

□ **tie** 動結ぶ, 束縛する **tie for first place** 1位を分ける, 1位タイになる

□ **tightly** 副きつく, しっかり, 堅く

□ **time** 名①時, 時間, 歳月 ②時期 ③期間

□ **tired** 動tire(疲れる)の過去, 過去分詞 形①疲れた, くたびれた ②あきた, うんざりした

□ **to** 前①《方向・変化》～へ, ～に, ～の方へ ②《程度・時間》～まで ③《適合・付加・所属》～に ④《－＋動詞の原形》～するために[の], ～する, ～すること

□ **together** 副①一緒に, ともに ②同時に

□ **told** 動tell(話す)の過去, 過去分詞

□ **tomorrow** 名明日 副明日は

□ **tonight** 名今夜, 今晩 副今夜は

□ **too** 副①～も(また) ②あまりに～すぎる, とても～ **too much** 過度の **too ～ to** … …するには～すぎる

□ **town** 名町, 都会, 都市

□ **train** 名列車, 電車

□ **treat** 動扱う

□ **tree** 名木, 樹木, 木製のもの

□ **tried** 動try(試みる)の過去, 過去分詞

□ **trouble** 名①困難, 迷惑 ②心配, 苦労 ③もめごと **get into trouble** 面倒を起こす, トラブルに巻き込まれる **in trouble** 面倒な状況で, 困って **stay out of trouble** トラブル[面倒・厄介事]に巻き込まれないようにする 動①悩ます, 心配させる ②迷惑をかける

□ **turn** 動①回転する, 向きを変える ②変化する, 〔変わって～に〕なる, 転身する **turn to** ～の方を向く, ～に頼る, ～に変わる

□ **two** 名2(の数字), 2人[個] 形2の, 2人[個]の

U

□ **under** 前①《位置》～の下[に] ②《状態》～で, ～を受けて, ～のもと ③《数量》～以下[未満]の, ～より下の 形下の, 下部の 副下に[で], 従属[服従]して

□ **until** 前～まで(ずっと) 接～の時まで, ～するまで

□ **up** 副①上へ, 上がって, 北へ ②立って, 近づいて ③向上して, 増して 前①～の上(の方)へ, 高い方へ ②(道)に沿って 形上向きの, 上りの 名上昇, 向上, 値上がり

□ **us** 代私たちを[に]

□ **used** 動①use(使う)の過去, 過去分詞 ②《－to》よく～したものだ, 以前は～であった

V

□ **very** 副とても, 非常に, まったく 形本当の, きわめて, まさしくその

□ **visit** 動訪問する 名訪問

W

□ **wait** 動待つ,《– for ～》～を待つ

□ **waiting** 動 wait（待つ）の現在分詞 名待機

□ **walk** 動歩く, 歩かせる, 散歩する **walk across** ～を歩いて渡る **walk by** 通りかかる **walk someone home**〔歩いて〕(人) を家まで送る **walk up to** ～に歩み寄る 名歩くこと, 散歩 **go for a walk** 散歩に行く

□ **want** 動ほしい, 望む, ～したい, ～してほしい

□ **was** 動《beの第1・第3人称単数現在am, isの過去》～であった,（～に）いた［あった］

□ **waste** 動浪費する, 消耗する

□ **watch** 動じっと見る, 見物する

□ **water** 名①水 ②（川・湖・海などの）多量の水

□ **way** 名①道, 通り道 ②方向, 距離 ③方法, 手段 ④習慣 **all the way**〔段階などの〕最後まで, 行き着くところまで

□ **we** 代私たちは［が］ **Shall we ～?**（一緒に）～しましょうか。

□ **weak** 形①弱い, 力のない, 病弱な ②劣った, へたな, 苦手な

□ **weakly** 形病弱な, 弱々しい 副弱々しく

□ **wear** 動着る, 着ている, 身につける

□ **week** 名週, 1週間

□ **well** 副①うまく, 上手に ②十分に, よく, かなり **do well** 成績が良い, 成功する 間へえ, まあ, ええと 形健康な, 適当な, 申し分ない **not look well** 顔色が悪い, 元気がないみたいだ

□ **went** 動 go（行く）の過去

□ **were** 動《beの2人称単数・複数の過去》～であった,（～に）いた［あった］

□ **what** 代①何が［を・に］ ②《関係代名詞》～するところのもの［こと］ 形①何の, どんな ②なんと ③～するだけの 副いかに, どれほど

□ **whatever** 代①《関係代名詞》～するものは何でも ②どんなこと［もの］が～とも 形①どんな～でも ②《否定文・疑問文で》少しの～も, 何らかの

□ **when** 副①いつ ②《関係副詞》～するところの, ～するとその時, ～するとき 接～の時, ～するとき 代いつ

□ **where** 副①どこに［で］ ②《関係副詞》～するところの, そしてそこで, ～するところ 接～なところに［へ］, ～するところに［へ］ 代①どこ, どの点 ②～するところの

□ **which** 形①どちらの, どの, どれでも ②どんな～でも, そしてこの 代①どちら, どれ, どの人［物］ ②《関係代名詞》～するところの

□ **whisper** 動ささやく, 小声で話す

□ **white** 形白い 名白, 白色

□ **White Sands** ホワイトサンズ《地名》

□ **who** 代①誰が［は］, どの人 ②《関

係代名詞》～するところの(人)

□ **whole** 形 全体の，すべての，完全な，満～，丸～ **put one's whole heart into** ～に本気を出す 名《the –》全体，全部

□ **will** 助 ～だろう，～しよう，する(つもりだ) **Will you ～?** ～してくれませんか。

□ **wine** 名 ワイン，ぶどう酒

□ **with** 前 ①《同伴・付随・所属》～と一緒に，～を身につけて，～とともに ②《様態》～(の状態)で，～して ③《手段・道具》～で，～を使って

□ **without** 前 ～なしで，～がなく，～しないで **do without** ～なしですませる

□ **woman** 名 (成人した)女性，婦人

□ **won** 動 win (勝つ)の過去，過去分詞

□ **won't** will notの短縮形

□ **wonderful** 形 驚くべき，すばらしい，すてきな

□ **wore** 動 wear (着ている)の過去

□ **work** 動 ①働く，勉強する，取り組む ②機能[作用]する，うまくいく 名 ①仕事，勉強 ②職 ③作品

□ **world** 名《the –》世界，～界 **in the world** 世界で

□ **worry** 動 悩む，悩ませる，心配する[させる] **worry about** ～のことを心配する 名 苦労，心配

□ **worst** 形《the –》最も悪い，いちばんひどい

□ **would** 助《willの過去》①～するだろう，～するつもりだ ②～したものだ **would rather** ～する方がよい **would rather ～ than** ……よりむしろ～したい

□ **write back** 熟 返事を書く

□ **writing** 動 write (書く)の現在分詞 名 書くこと，作文，著述

□ **wrong** 形 ①間違った，(道徳上)悪い ②調子が悪い，故障した

□ **wrote** 動 write (書く)の過去

Y

□ **year** 名 ①年，1年 ②学年，年度 ③～歳

□ **yes** 副 はい，そうです 名 肯定の言葉[返事]

□ **yesterday** 名 ①昨日 ②過ぎし日，昨今 副 昨日(は)

□ **you** 代 ①あなた(方)は[が]，あなた(方)を[に] ②(一般に)人は

□ **young** 形 若い，幼い，青年の

□ **your** 代 あなた(方)の

ステップラダー・シリーズ
赤毛のアン

2020年7月3日　第1刷発行
2022年7月4日　第2刷発行

原著者　L・M・モンゴメリ

発行者　浦　晋亮

発行所　IBCパブリッシング株式会社
〒162-0804 東京都新宿区中里町29番3号 菱秀神楽坂ビル
Tel. 03-3513-4511　Fax. 03-3513-4512
www.ibcpub.co.jp

印　刷　株式会社シナノパブリッシングプレス
装　幀　久保頼三郎
イラスト　長崎祐子
リライト　ニーナ・ウェグナー
ナレーション　ジュリア・ヤマコフ、ハワード・コルフィールド
録音スタジオ　株式会社巧芸創作

ISBN978-4-7946-0628-0